반야심경주해
(般若心經註解)

명대의 송계도인 무구자(하도전)가 주석하다

松溪道人 無垢子(何道全) 註

김호귀 번역

도서
출판 中道

● 목 차 ●

摩訶般若波羅蜜多心經
마하반야바라밀다심경[1]

松溪道人 無垢子 註
송계도인 무구자[2]가 주해하다

I. 귀경게

這點靈光道上來 只因逐妄墮塵埃
君今要見還鄉路 悟得心經道眼開

이 하나의 점 신령스런 광명은 깨침에서 왔지만
허망한 것을 추구함으로써 번뇌에 빠져버렸다네

---

1) 본 번역본의 텍스트는 卍新續藏 第26冊『般若心經註解』1卷(명나라본)이고, 교정본으로
   활용한 제2본은 卍新續藏 第26冊『般若心經註解』2卷(시대 不明)이다. 기타 卍新續藏
   第26冊『般若心經註解』1권(명본 1617)으로 來雲居士 山陰 諸萬里의 註가 있다.
2) 松溪道人 無垢子인 何道全(1319-1399)은 元末 明初의 浙江省 四明 출신으로 號가 無垢子
   혹은 松溪道人으로 終南山의 圭峰에 은거하였다. 명 태조 洪武 연간에 賈道玄이 모은 그
   語錄과 詩詞『隨機應化錄』2권이 전한다.

그대는 지금 고향에 돌아가는 길을 보려 하는가
본 반야심경 깨우쳐야 곧 깨침의 안목 열린다네

Ⅱ. 본문

摩訶

西天梵語也 東土翻爲大 且大者廣無邊際之謂也 廣大無邊者 莫過虛空大
道也 川老云 虛空境界莫<豈=>思量 大道淸幽理更長 又云 十方無壁落 八
面亦無門 大道無邊際 虛空難度量 道云 迎之不見其首 隨之不見其後 儒云
仰之彌高 鑽之彌堅 瞻之在前 忽錯[3]在後 諸賢聖皆如此稱揚廣大也 日月
雖明難比其光 乾坤雖大難包其體 能生萬有而不見其形 徧周沙界而不覩
其跡 雖是如此廣大玄妙 誰知更有一物過於此者 且道 是何物還識這箇
[○]麽 寬則包藏法界 窄則不立纖毫 顯則八荒九夷無所不至 隱則纖芥微塵
無所不入 今者不避罪愆 分明漏泄 乃人之本源也 僊<仙=>師有云 爲甚此
心開大道 只因元向道中來 世人不能返本者 蓋因錯認色身爲己 被六根所
瞞 七情遮蔽 自失本眞 以致流浪生死也 要見本眞麽 尋不見 覓不見 十二
時中遠身轉 省得麽
法身體若太虛空 性道元來總一同
只因逐妄迷眞性 所以輪廻六道中

---

3) 錯이 제2본에는 然이므로 이에 따라서 번역한다.

1. 마하(摩訶)

서천의 범어이다. 동토의 말로 번역하면 대(大)이다. 대(大)는 넓어서 끝이 없는 것을 일컫는다. 광대무변한 것으로는 허공과 같은 대도를 능가하는 것이 없다.

천로(川老)[冶父道川]는 말했다.

"허공의 경계를 어찌 사량이나 하겠는가 虛空境界豈思量
대도는 청유하고 이치는 더욱 장대하다 大道淸幽理更長"[4]

또 말했다.

"시방에는 창문이 전혀 없고 十方無壁落
팔면에는 또한 문조차 없다 八面亦無門[5]"

"대도는 그 끝을 알 수 없고 大道無邊際
허공 또한 헤아리기 어렵다 虛空難度量"[6]

도교에서는 말한다.

"앞에서 맞이해도 그 머리를 볼 수가 없고, 뒤에서 좇아도 그 뒤를 볼 수가 없다네."

유교에서는 말한다.

"(스승의 덕은) 우러러볼수록 높아만 지고, 뚫을수록 더욱 단단하구나. 앞에 보이는 듯하다가도 홀연히 뒤에 있는 듯하다."

모든 현성은 다 이와 같이 광대(廣大)하다고 칭양한다. 비록 해와 달

---

4) 야보의 게송17.(게송의 순서는 개경계를 포함)
5) 『雲門匡眞禪師廣錄』卷下, (大正新脩大藏經47, p.574下)
6) 『諸佛世尊如來菩薩尊者名稱歌曲感應』卷51, (永樂北藏181, p.18上)

이 밝을지라도 그 광명에 비교하기 어렵고, 비록 하늘과 땅이 광대할지라도 그 본체를 감싸기 어렵다. 만유를 발생시켜도 그 형체를 볼 수가 없고, 항사세계에 편만해도 그 흔적을 볼 수가 없다. 비록 그것이 이와 같이 광대하고 현묘할지라도 그 누가 또한 그것[摩訶]을 능가하는 일물이 있는 줄을 알겠는가.

자, 말해 보라. 어떤 것이 그것인지[這箇 ○] 알겠는가?

넓기로는 법계를 감싸서 감추고, 좁기로는 가는 터럭도 세우지 못하며, 드러나면 곧 팔황(八荒)과 구이(九夷)에 이르지 못할 곳이 없고, 숨으면 곧 섬개(纖芥)와 미진(微塵)도 들어가지 못한다. 그럼에도 불구하고 지금[今者][7] 죄의 허물이 분명히 누설되었음을 회피할 수가 없는데, 이것이 곧 인간의 본원(本源)이다.

선사(僊師)[8]는 다음과 같이 말한다.

"어찌하여 이 마음이 대도를 열 수가 있는가. 그것은 단지 원래부터 대도에서 왔기 때문이다. 세상 사람들이 본원(本源)을 돌이키지 못하는 까닭은 무릇 색신을 자기 자신이라고 잘못 인식하여 육근에 속고 칠정에 가려서 스스로 본원(本源)의 진성을 잃어버리고 생사의 바다에 떠돌기 때문이다."

본원의 진성 보고자 하는가

생각해보아도 볼 수가 없고

---

7) '마하'라고 언급하고 있는 현재의 상황을 가리킨다.

8) 僊師는 진리를 통달한 수행자로서 仙人 · 眞人 · 至人 · 達人 · 通人 등의 개념으로 활용되는 말이다.

찾아보아도 볼 수가 없지만
하루종일 몸에 둘러 구른다

알겠는가.

법신의 본체는 태허공과 같이 광대하고 法身體若太虛空
자성과 깨침은 원래부터 모두 동일하네 性道元來總一同
허망을 따르는 까닭에 진성에 미혹하여 只因逐妄迷眞性
육도세계에 나고 죽으며 윤회할 뿐이네 所以輪迴六道中

般若

西天梵語也 東土翻爲智慧 且智慧者 正知正解審察之謂也 脩行之人 須用智慧之力 降伏身心 不令放肆 以習靜定 道云 能以智慧之力 攝伏諸魔精 蓮經云 慧日破諸闇 能伏災風火 儒云 智能破邪 慧能破暗 且無智愚人 作事麤惡 不肯三思惟 務廣學多聞 念在誇談 講論不究 自家生死好覓他人是非 不親眞實道人 愛近虛頭禪客空談 聖人經典心地全不用功 圖名貪利我慢貢高 只說眼下時光 不想腦後之事 如此之人 乃聰明外道也 古德有云 外道聰明 無智慧 僊師云 口說心不行 非是精細漢 儒云 先治身心 後治家國 且有智慧之人 作事安詳 不肯造次 識因果 顧罪福 親近知識 參問至人 窮性命之根元 究生死之大事 制伏身心 收[歛>斂]神氣 念念在道 息息歸眞 一日功成行滿 叻地一聲 透出三界 此<與?>虛空混爲一體 若到此地 造化不能移易 陰陽不能陶鑄 四時不能遷 五行不能役 神鬼不能拘 劫火不能壞

作箇逍遙自在物外閑人 要見物外閑人麼 六座門頭常出入 雖然相近不相
親 開著眼休教<得?>蹉過 省的<得?>麼
智慧聰明路兩差 聰明枝葉慧根芽
若改愚癡生智慧 多年枯木自開華

2. 반야(般若)

서천의 범어이다. 동토의 말로 번역하면 지혜이다. 또 지혜는 바르게
알고 바르게 이해하며 자세하게 관찰하는 것을 일컫는다. 수행인이라
면 모름지기 지혜의 힘을 활용하여 몸과 마음을 다스려서 방자하지 않
게 함으로써 고요하게 선정을 익혀야 한다.

　　도교에서는 말한다.

"지혜의 힘으로써 모든 마정(魔精)을 다스린다."

　　『연화경』에서는 말한다.

"지혜의 해 모든 어둠 타파하여

　　재앙의 바람 및 불을 다스린다"[9]

　　유교에서는 말한다.

"지(智)로써 사(邪)를 타파하고 혜(慧)로써 암(暗)을 타파한다."

　　그래서 지혜가 없는 어리석은 사람은 추악한 행위를 하고 세 가지
사유[10]를 긍정하지 않는 채, 오직 널리 배우고 많이 듣는데 힘쓰고, 강
론을 자랑하는 것에 마음을 두며, 자기의 생사를 궁구하지 않고, 타인

---

9) 『妙法蓮華經』 卷7, (大正新脩大藏經9, p.58上)
10) 三思惟는 審慮思 · 決定思 · 動發勝思를 가리킨다.

의 시비를 찾는 것을 좋아하며, 진실한 도인을 가까이 하지 않고, 떠벌리기 좋아하는 선객의 공담(空談)만 가까이 하며, 성인의 경전과 마음에는 전혀 노력을 기울이지 않고, 오직 명예와 탐욕과 이익과 아만과 공고에 대해서만 도모하고, 단지 눈앞의 현재 광명만 설할 뿐이고 뇌후(腦後)[11]의 사업에 대해서는 생각하지 않는다. 이와 같은 사람들은 이에 총명한 외도이다.

때문에 고덕이 다음과 같이 말했다.

"외도의 경우는 총명하긴 하나 지혜가 없다."[12]

선사(僊師)는 말한다.

"입으로만 설하고 마음으로 실천하지 않으면 정교하고 세심하지 못하다."

유교에서는 말한다.

"먼저 몸과 마음을 다스린 연후에 국가를 다스린다."

또 지혜가 있는 사람은 침착하고 조용하게 사업을 하지 황망하게 하는 것을 옳게 여기지 않는다. 인과를 알고 죄복을 돌아보며, 선지식을 친근하고 지인(至人)에게 참문하며, 성명(性命)의 근원(根元)을 궁구하고, 생사의 대사를 궁구하며, 몸과 마음을 다스리고, 신기(神氣)를 수렴하며, 늘상 깨침의 경지에서 살고, 시시각각 진리에 돌아간다. 그러면 어느 날 공이 성취되고 수행이 원만해져 '역[叻]!!' 하는 한소리에 삼계를 벗어나서 허공과 더불어 혼연하여 일체(一體)가 된다. 만약 이러한 경지

---

11) 腦後는 머리의 뒤쪽이란 뜻인데, 轉意되어 急所를 가리킨다.
12) 『永嘉證道歌』, (大正新脩大藏經48, p.369下)

에 도달하면 그 조화(造化)로도 그것을 변경할 수가 없고, 음양(陰陽)으로
도 그것을 연마할 수가 없으며, 사시(四時)로도 그것을 옮길 수가 없고,
오행으로도 그것을 부릴 수가 없으며, 신귀(神鬼)도 그것을 구속할 수가
없고, 겁화(劫火)로도 그것을 무너뜨릴 수가 없어서, 소요자재하고 물을
벗어난 한인이 된다.

세간[物]을 벗어난 한인을 만나보고자 하는가. 육진(六塵)[六座]에 늘상
출입하고 있다. 그렇지만 서로 가까이[近] 있으면서도 서로 가까이 둘
[親] 수가 없다. 눈을 뜨고 보되 잘못하여 어긋나지 말아야 한다.

알겠는가.

지혜와 총명의 갈래는 둘로 나뉘는데	智慧聰明路兩差
총명이 지엽이면 곧 지혜는 근아라네	聰明枝葉慧根芽
만약 우치를 바꿔서 지혜를 발생하면	若改愚痴生智慧
오래된 고목이 저절로 꽃을 피운다네	多年枯木自開華

波羅

西天梵語也 東土翻爲彼岸 此岸者 生死之際也 彼岸者 出生死之岸也 迷者
此岸 悟者彼岸 世人若迷本性 卽愚痴顚倒 認四大六根爲己 爭名競利 謀千
年活計 積萬劫之冤怨 背覺合塵 迷眞逐妄 忙忙而不知休息 念念而心境不
除 忽朝大限到來 臨行手無所措 這裏脫下濕布衫 那裡穿上虱虱襖 去去來
來 改頭換面 似蟻循環 何日是了生死 苦海幾時得渡 如是之者 只在此岸
若有人猛然自悟 從前所爲所作 盡是虛假 棄假循<修?>眞 窮根究本 常近

至人 常親知識 求過岸之舟 覓方便之篙 渡過愛河苦海而登彼岸 得脫生死
洪波 更不拖泥帶水 作箇脚乾手燥清淨自在閑人也 且道如何得達彼岸 唉
他人難用力 自渡自家身 會麽
智慧爲船精進篙 靈臺用力出波濤
翻身直上菩提岸 撒手歸來明月高

3. 바라(波羅)

서천의 범어이다. 동토의 말로 번역하면 피안이다. 차안은 생사의 경계이지만, 피안은 생사를 벗어난 언덕이다. 미혹한 사람은 차안에 살고, 깨친 사람은 피안에 산다. 세간의 사람이 만약 본성에 미혹하면 곧 우치하고 전도되어 사대와 육근을 자기자신으로 간주하여, 명예를 다투고 이익을 따지면서 천년의 활계를 도모하고 만겁의 원한을 쌓으며, 깨침을 등지고 번뇌에 합치하여 진리에 미혹하고 허망을 쫓으며, 바쁘게 서대면서 휴식할 줄 모르고 늘상 마음의 경계를 단제하지 못한다.

그러다가 홀연히 어느 날 아침에 죽음[大限]이 도래하여 저승에 갈 때가 되면 손을 쓸 수조차도 없다. 이런 상황에서 젖은 베옷을 벗어버리고, 저런 상황에서 이가 설설 기어다니는 가죽옷을 벗으면서, 올 때마다 그리고 갈 때마다[13] 머리를 바꾸고 얼굴을 바꾸면서[14] 마치 개미가 쳇바퀴 돌듯 하니 어느 세월에 생사를 그만두고 어느 시기에 고해를 건

---

13) 오고 가는 것은 나고 죽을 때를 가리킨다.
14) 머리를 바꾸고 얼굴을 바꾼다는 것은 단지 겉만을 바꾸고 내용은 그대로 두는 상황을 가리킨다.

너겠는가. 이와 같은 사람은 단지 차안에 머물러 있을 뿐이다.

그러나 만약 어떤 사람이 홀연히[猛然] 자신을 깨우쳐서, 종전의 일체 행위가 모두 허상이었음을 확실하게 알고서, 허상을 버리고 진실로 돌아가서 근본을 궁구하여 늘상 至人을 친근하고 선지식을 친근하면서, 피안으로 건너가는 배를 구하고 방편의 노를 찾아서 애욕의 강과 고통의 바다를 건너서 피안에 올라가면, 생사의 큰 파도를 벗어나서 다시는 애욕의 진흙과 고해의 물속에[拖泥帶水][15] 빠지지 않게 된다. 이에 발과 손이 뽀송뽀송하게 말라서 청정하고 자재한 閑人이 된다.

자, 말해 보라. 어찌하면 피안에 도달할 수 있겠는가.

이(咦)!!

타인의 힘을 빌려 쓰기가 어렵다면 스스로 자기의 몸으로 건너가야 한다.

알겠는가.

지혜로 배를 삼고 정진으로 삿대를 삼아　智慧爲船精進篙
마음의 집에서 힘을 써 파도를 벗어난다　靈臺用力出波濤
몸 바꾸어 곧장 깨달음의 언덕에 올라서　翻身直上菩提岸
두 손을 놓고 돌아오니 보름달이 높구나　撒手歸來明月高

---

15) 拖泥帶水는 진흙에 빠지고 물속에 허우적거리는 것으로서 간결하지 않고 깔끔하게 일을 처리하지 못하며 맺고 끊는 맛이 없는 것을 가리킨다. 그러나 그와 같은 상황에 빠져서 허우적거리는 중생을 구재하기 위하여 보살이 애써 수고를 마다하지 않는 보살행을 가리키는 의미로 쓰이기도 한다.

蜜多

西天梵語也 東土翻爲無極 又蜜者和也 多者衆聚[16]也 且無極者 至高至大
難極之謂也 釋云無極 道云太極 儒曰<云?>皇極 皆謂此[○]也 今分明說
開 蜜之一字 亦比於大道虛空 多者 謂萬彙也 譬道能包含萬類 有情無情盡
在大道之中 人之眞性一同 亦能包藏萬法 萬法盡在一性之中 太虛之內 有
八萬四千異類種性 說不可盡 皆在人之一性之內 一性譬如蜜 種性喻於多
情行人[17] 以一性均和種性 合而爲一 故曰蜜多 道云 識得一萬事畢 釋云曰
[18] 萬法歸一 儒云 吾道一以貫之 且道如何是一 還識這箇[○]麼 咄 五行不
到處 父母未生前 雖然說破 不行難到 直須去盡塵垢方見 省<得+?>麼
一性爲蜜衆爲多 先將覺性普均和
坐成一片眞如性 一性圓明赴大羅

4. 밀다(蜜多)

서천의 범어이다. 동토의 말로 번역하면 무극(無極)이다. 또한 밀(蜜)
은 합쳐져 있다[和]는 것이고, 다(多)는 많이 모여 있다[衆聚][19]는 것이다.
또한 무극이란 지극히 높고 지극히 커서 한계가 없는 것을 일컫는다.
불교에서는 무극(無極)이라 말하고, 도교에서는 태극(太極)이라 말하며,
유교에서는 황극(皇極)이라 말하는데, 모두 거시기[○]를 가리킨다.
　이제 분명하게 설명하여 말하겠다.

---

16) 聚가 제2본에는 法이다.
17) 情行人이 제2본에는 修行之人으로 되어 있기 때문에 이에 따라 번역한다.
18) 云이 제2본에는 曰이다.
19) 제2본에는 많은 존재 곧 제법[衆法]이라 되어 있다.

밀(蜜)의 한 글자는 또한 대도로서 허공에 비유되고, 다(多)는 많은 모임을 가리킨다. 비유하면 깨침은 만류를 포함(包含)하는데 유정과 무정이 모두 대도 가운데 들어 있다. 사람들의 진성은 동일하여 또한 만법을 포장(包藏)하고 있고, 만법은 모두 동일한 진성 가운데 들어 있다. 태허 속에는 팔만사천의 이류종성(異類種性)이 합쳐져 있어서 다 설할 수가 없는데 그 모두가 사람의 동일한 진성 가운데 들어 있다. 여기에서 동일한 진성은 저 밀(蜜)에 비유되고, 이류종성은 다(多)에 비유된다. 수행인은 동일한 진성이 고르게 이류종성에 화합하고, 합쳐져 동일한 하나가 되는 까닭에 밀다(蜜多)라 말한다.

도교에서는 말한다.

"하나를 알면 온갖 일을 마친다."

불교에서는 말한다.

"만법이 하나로 돌아간다."

유교에서는 말한다.

"우리의 도는 하나로 관통한다."

자, 말해 보라. 어떤 것이 그 동일한 하나인가. 거시기[這箇 ○]를 알고자 하는가.

돌(咄)!!

그것은 곧 오행으로도 이르지 못하는 도리이고, 분별이 발생하기 이전의 도리이다. 비록 말해주더라도 실천하지 않으면 도달하기 어려운 법이다. 그러므로 곧장 번뇌를 버려야만 바야흐로 그 거시기가 드러난다. 알겠는가.

동일한 진성은 밀이고 많은 것은 다이므로 　一性爲蜜衆爲多

우선 진성을 깨치고 널리 고르게 화합하라 　先將覺性普均和

그 자리에서 한 조각 진여자성을 성취하면 　坐成一片眞如性

동일한 진성이 원명하여 곧 대라에 닿는다 　一性圓明赴大羅[20]

心

心者一字 人之本源也 一切萬法 盡在一心之內 有八萬四千等 動則無窮無

盡 定則不變不移 釋云 心生種種法生 心滅種種法滅 道云 心死則性月朗明

心生則慾塵遮蔽 儒云 制之一心則止 謀於多事則亂 是以古聖敎學人 收攝

其心歸於一處 喚作萬法歸一 又名一字法門 因人不信是心是佛 是心作佛

所以多種方便 指示世人 見自本性 豈不見 古云 三點如星象 橫鉤似月斜

披毛從此得 作佛也由他[21] 上天入地 皆在自心所爲 非他處所得 經云 在於

閑處收攝其心 又云 制之一處事無不辦不能歸一者[22] 因識心者少 亂性者

多 故失眞道矣 爲甚不識其心[23] 多惑其性 皆緣識神昏昧 逐境迷心 六根內

盲 著物亂性 不生智慧 愚暗之故也 若肯修心 窮性命究生死 親近明師 參

求法藥 療治心病 念茲在茲 步步行行 坐臥不忘 語默動靜 不離這箇[○] 忽

然眉毛竪起 眼睛露出 便見本來面目 且道本來面目 如何形狀 川老有云 火

---

20) 大羅는 도교의 사원인 大羅宮을 가리킨다.

21) 他가 제2본에는 他是也이다.

22) 제2본에는 "經云 在於閑處收攝其心 又云制之一處事無不辦不能歸一者"의 대목이 없다.

23) 心이 제2본에는 心只因其이다.

不能燒 水不能溺 風不能飄 刀不能劈[24] 軟似兜羅 硬似<如?>鐵壁 天上人
間 古今不識 咄<咦?> 知道麽 終朝常對面 不識是何人

這輪心鏡本無塵 因塵難照本來眞

塵盡鏡明無一物 自然現出法王身

5. 심(心)

심(心)이라는 한 글자는 사람의 본원(本源)이다. 일체만법은 다 일심
가운데 들어 있고, 저 팔만사천 가지도 마찬가지이다. 그래서 움직이
면[動] 곧 무궁(無窮)하고 무진(無盡)하지만 고요하면[定] 곧 불변(不變)하고
불이(不移)이다.

불교에서는 말한다.

"마음이 발생하면 곧 온갖 법이 발생하고, 마음이 소멸하면 곧 온갖 법
이 소멸한다."[25]

도교에서는 말한다.

"마음이 죽으면 곧 성품의 달이 낭랑하고, 마음이 생겨나면 곧 욕망의
티끌에 뒤덮인다."

유교에서는 말한다.

"일심을 다스리면[制之] 곧 모든 것이 그치고, 많은 일을 도모하면 곧 모
든 것이 어지러워진다."

---

24) 劈이 제2본에는 割이다.

25) 『大乘起信論』卷1 (大正新脩大藏經32, p.577中) "以心生則種種法生 心滅則種種法滅故"
참고. CBETA에 의거한다. 이하 大正新脩大藏經의 출처를 제외한 기타의 출처는
CBETA에 의거한다.

이런 까닭에 옛날의 성인[佛]은 수행자[學人]에게 본래의 그 마음을 섭수하여 한 곳으로 돌아가도록 하였는데, 그것을 만법귀일(萬法歸一)이라 일컬었고, 또한 일자법문(一字法門)이라 말하였다.

사람들이 '본래의 그 마음이야말로 곧 부처이고, 본래의 그 마음이 부처가 된다.'는 것을 믿지 못하는 까닭에 갖가지 방편으로 세간의 사람들에게 지시하여 자기의 본성을 보게끔 하였다. 그런데도 어째서 그것을 보지 못하는가. 고인이 말한 '마음심[心]이라는 글자의 세 점은 별의 모습과 같고 횡으로 뻗은 갈고리는 반달이 기울어진 것과 같다.[26] 축생의 과보[披毛]도 이로부터 비롯된 것이고, 부처가 되는 것도 또한 그것을 말미암은 것이다.'는 것도 바로 그것이다. 하늘에 올라가고 땅속에 들어가는 신통의 경우도 모두 자기 마음의 소행에 들어 있는 것이지, 남의 처분을 받아서 터득되는 것이 아니다. 경전에서는 "한처(閑處)에 있으면서 본래의 그 마음을 섭수해야 한다."[27]고 말하고, 또한 "한마음의 도리를 다스리면 만사에 못할 것이 없다."[28]고 말한다. 그럼에도 불구하고 한 마음에 돌아가지 못하는 것은 그 마음을 아는 자가 적고 진성에 어지러운 자가 많은 것을 인유하여 진실한 깨침을 상실해버렸기 때문이다. 그러면 어째서 그 마음을 알지 못하는가. 그것은 단지 그 대부분의 사람이 그 진성에 미혹함을 인하여 모두가 맑은 정신[識神]에 혼매함을 반연되어 경계를 추구하느라고 마음에 미혹하고, 육근에 안으

---

26) 圓伊三點(∴)의 알파벳을 가리킨다.
27) 『楞嚴經合論』, (卍新續藏12, p.38下) "常在閑處收攝其心" 참조.
28) 『佛垂般涅槃略說敎誡經』, (大正新脩大藏經12, p.1111上)

로 눈이 멀고 물질에 집착하여 진성이 어지러워져 지혜를 발생하지 못하고 어리석어졌기 때문이다. 그러나 만약 기꺼이 마음을 닦아서 성명(性命)을 궁구(窮究)하고 생사(生死)를 구명(究明)하며 명안종사(明眼宗師)를 친근하고 깨침의 가르침[法藥]을 참구하면 마음의 병을 치료할 수가 있다. 이런 도리를 명념(銘念)하고 이로부터 곧고 나다니고 앉고 누움에 항상 잊지 않으며, 말하고 침묵하며 움직이고 고요함에 거시기[這箇 ○]를 벗어나지 않는다면, 홀연히 똑바로 치켜뜬 눈썹 밑의 눈동자 앞에 거시기가 드러나서 곧바로 본래면목(本來面目)을 보게 된다.

자, 말해 보라. 본래면목은 어떤 형상인가.

천로(川老)[ ][29)가 말한다.

"불로도 그것을 태우지 못하고　火不能燒

물로도 그것을 잠기지 못하며　水不能溺

바람도 그것을 날리지 못하고　風不能飄

칼로도 그것을 쪼개지 못하며　刀不能劈

꼭 도라의 비단처럼 부드럽고　軟似兜羅

마치 철벽처럼 매우 견고하며　硬如鐵壁

또한 천상계 및 인간계에서도　天上人間

---

29) 川老는 冶父道川이다. 송대 臨濟宗의 선자로서 江蘇省 姑蘇 玉峯 출신으로 속성은 狄씨이다. 東齋謙한테 나아가서 大悟하자, 동재겸은 옛날의 이름인 狄三을 道川으로 바꿔주었다. 이어서 天峯의 淨因寺 蹣庵繼成한테 印可를 받고 사법하였다. 다시 東齋로 돌아와 道俗의 존경을 받았다. 『川老金剛經註』가 있다. 1163년에 殿撰 鄭公喬年을 淮西에서 만나 安徽城 無爲軍의 冶父山 實際禪院이 공석이 되자 요청을 받아 그곳에 주석하였다.

옛날과 지금에도 알지 못한다 古今不識

돌(咄)〈이(咦)?〉!!"30)

그 도리를 알겠는가. 하루종일[終朝] 늘상 마주하고 있으면서도 그 사람이 누구인 줄을 모른다.

이 둥그런 마음거울에는 본래 먼지가 없지만 這輪心鏡本無塵

먼지로 인하여 본래의 모습을 비추기 어렵네 因塵難照本來眞

먼지가 다하면 거울도 밝아지나 일물도 없어 塵盡鏡明無一物

자연히 법왕의 몸도 예전의 그대로 출현하네 自然現出法王身

經

經者徑也31) 是世人修行之路徑32)也 學人得此不疑擬33) 休要懼了工程 驀直
便行 須有到家時節 只怕頭路不眞 差行錯認 且道向甚麼處去是 予今明說
向寸草不生處 纖塵不立處 無泥水 無坑坎 淨躶躶 赤洒洒 平平穩穩處去
猛然逢著一顆[○]圓陀陀 光爍爍 亘古不壞 如意光明寶珠 親手拈來得大利
用 不受困苦 釋云 摩尼寶珠 道云 黍米玄珠 儒云 九曲明珠 要見此珠麼 一
心象外覓 休向世間求
這卷眞經本在心 自家藏寶不須尋

---

30) 야보의 게송42.
31) 經者徑也가 제2본에는 經者一字直也(경이란 한 글자는 곧다는 뜻이다)로 되어 있다.
32) 路徑이 제2본에는 徑路이다.
33) 疑擬가 제2본에는 擬이다.

猛然檢著無生品 迸出明珠耀古今

6. 경(經)

경(經)이란 지름길[徑]이다. 이것은 세간의 사람들이 수행하는 길로서 지름길이다. 수행자가 이 길을 터득하는데 있어서 의심하거나 망설이지 말고, 잘못된 공부의 길을 찾지도 말며, 곧바로 쭉 그대로 실천하면 모름지기 고향집에 도달하는 시절이 있을 것이다. 다만 수행의 과정에서 진실이 아닌 것을 잘못 실천하고 잘못 인식하지나 않을까 염려될 뿐이다.

자, 말해 보라. 그렇다면 어떤 도리를 향해서 나아가야 하겠는가. 내가 이제 분명하게 말해주겠다. 풀 한 포기도 나지 않는 곳, 미세한 먼지도 내려앉지 못하는 곳, 진흙탕 물도 없고 험난한 구덩이도 없으며, 먼지가 없어 말끔하고 어지럽지 않아 깨끗하며, 무척 평온한 곳을 향해서 나아가면 홀연히 하나의 구슬[○]을 만나게 된다. 그 구슬이야말로 빠짐없이 원만하고[圓陀陀], 반짝반짝 빛나며[光爍爍] 예로부터 지금까지 파괴된 적이 없어서, 자기의 뜻대로 되고 광명이 나는 보배구슬을 친히 손에 넣으면 큰 이익과 공용(功用)을 얻고 어려움과 괴로움을 받지 않는다. 이것을 불교에서는 마니보주(摩尼寶珠)라 말하고, 도교에서는 서미현주(黍米玄珠)라 말하며, 유교에서는 구곡명주(九曲明珠)라 말한다.

그런 구슬을 보고자 하는가.

일심을 형상 밖에서 찾아야지

세간 속에서 찾아서는 안된다

이 한 권의 진경은 본래 마음속에 있으니　這卷眞經本在心
자기 집에 있는 보베를 찾으려 하지 말라　自家藏寶不須尋
홀연히 무생품의 반야심경 찾아내고 보면　猛然檢著無生品
고금에 늘상 빛나는 명주가 솟아나온다네　逬出明珠耀古今

觀自在菩薩

自在菩薩[34] 人人皆有 只因六根諸境遮障 不能觀看 情欲萬緣所牽 不得自
在 若有智慧之人 信得及 放得下 但於幽靜閑處 打併身心坐令極靜 靜中更
靜 無纖毫異念 一心淸淨 守至靜極 猛然一動 有一眞人 在自己靈宮 往往
來來 縱橫無礙[35] 這裏方見自己菩薩 優[36]自在 一刹那間 遍周沙界 隨處現
法身 到處不留跡 光明普照觀之不見[37] 諸人若要見此菩薩 觀之不用其目
聽之不用其耳 去耳目之用 纔識自在菩薩 道云 視不見我 聽不得聞[38] 離種
種邊 名爲妙道 金剛經云 若以色見我 以音聲求我 是人行邪道 不能見如來
儒云 視不用目 聽不用耳 離<去제2본>耳目之用 自然得性 如是之者 方知
一切處 此眞仙菩薩 未嘗不在 同坐同行 同歡同笑 寸步不曾相離 只是自家
昧了 要見此菩薩麽 咦 雖然出入無踪跡 爍爍光明見也麽

---

34) 自在菩薩이 제2본에는 一句眞直言 自在菩薩로 되어 있다.
35) 礙가 제2본에는 得이다.
36) 優가 제2본에는 優游이다.
37) 隨處現法身到處不留跡光明普照觀之不見이 제2본에는 盡是活菩薩 光明普照로 되어
　　있다.
38) 視不見我聽不得聞이 제2본에는 視之而不見 聽之而不聞으로 되어 있다.

菩薩從來不離身 自家昧了不相親
若能靜坐回光照 便見生前舊主人

7. 관자재보살(觀自在菩薩)

자재보살은 모든 사람에게 다 갖추어져 있다. 다만 육근을 인하여 모든 경계가 막혀서 마음과 욕망을 살펴보지 못하고 온갖 반연에 이끌려서 자재하지 못할 뿐이다. 만약 지혜로운 사람이라면 자재보살을 믿고 온갖 반연을 놓아버리며 그윽하고 고요한 한처(閑處)에서 몸과 마음을 추스르고 앉아서 절대고요[極靜]를 유지하고, 고요 가운데 또 고요해져 털끝만큼도 이념(異念)이 없는 일심이 완성된 상태[淸淨]가 되어 절대고요[極靜]를 유지한다.

그러다가 홀연히 제꺽하면 어떤 진인이 자기의 마음[靈宮]에서 가고 옴에 종횡으로 걸림이 없어지게 된다. 그런 상황에서 바야흐로 자기에게 갖추어져 있는 자재보살[自己菩薩]이 유유자적하게 자재하고 찰나에 항사세계에 널리 보편함을 보게 된다. 그러면서도 처하는 곳마다 법신을 드러내지만 이르는 곳마다 종적을 남기지 않으며, 광명이 널리 빛나지만 그것을 보려고 해도 보이지 않는다. 사람들이 만약 그 보살을 보고자 한다면 그것을 보되 눈을 활용하지 말고 그것을 듣되 귀를 활용하지 말아야 한다. 귀와 눈의 활용을 제거해야만 비로소 자재보살을 알 수가 있다.

도교에서는 말한다.

"그것을 보려고 해도 볼 수가 없고, 그것을 들으려 해도 들을 수가 없다. 갖가지 변견(邊見)을 벗어나 있으므로 묘도(妙道)라 말한다."

『금강경』에서는 말한다.

"만약에 색을 통해 여래를 본다거나 若以色見我
 소리를 통해 여래를 보려고 한다면 以音聲求我
 그 사람은 사도를 걸어가는 것이니 是人行邪道
 끝끝내 여래를 친견할 수가 없다네 不能見如來"
  유교에서는 말한다.

"보되 눈을 활용하지 않고, 듣되 귀를 활용하지 않는다. 귀와 눈의 활
 용을 벗어나면 자연히 본성을 터득한다."

  이와 같은 사람들이야말로 바야흐로 일체처에서 그 진선보살
(眞仙菩薩)이 일찍이 없는 곳이 없고 함께 앉고 함께 행동하며 일
찍이 한걸음도 떨어진 적이 없었지만 단지 자신이 우매했음을 알
게 된다.

  그 보살을 보고자 하는가.

  이(咦)!!

  비록 들고 나는데 종적이 없도다

  밝게 빛이 나는 광명을 보았는가

보살은 본래부터 자기의 몸 떠나지 않았지만 菩薩從來不離身
자기 자신이 어리석어 친근하지 못한 것이네 自家昧了不相親
만약 고요하게 앉아 자기의 마음 돌이킨다면 若能靜坐回光照
곧장 생전의 옛날 주인공을 만나보게 되리라 便見生前舊主人

行

行者³⁹⁾修行也 路徑崎嶇 不修難行 且修是修心向道 行是行善歸眞 如人修
路相似去礙路荊棘 除當道頑石 高者斷之 低者塡之 打掃潔淨 便坦然平穩
人之心地 亦要如是下功 去一切損人利己之心 如去礙路荊棘 相似礙⁴⁰⁾登
途⁴¹⁾穩步 除一切褸<雜=>念障道因緣 如除當道頑石一同得進⁴²⁾ 身平正損
大過補不及令得均平⁴³⁾ 屛垢心 絶染汚 打倂淸淨 此乃修行初入門之要也⁴⁴⁾
非在口說 亦非足行 全憑心地下功 仙眞云 心地下功全抛世事 釋云 心地法
門非在舌辨<辯?제2본> 儒云 說不如行 行不如到此也⁴⁵⁾ 又要看這一步從
何而起 若知起處便知生死⁴⁶⁾根源 昔日劉海月參白雲師父 拜而問曰 弟子
念慮降伏不住如何 師問云 是誰念慮 答弟子 師云⁴⁷⁾ 是誰降伏 海月似省不
省 沉吟微笑 師云 來去都由你鬧<們 제2본>好沒主宰 若是敵他不過卽便
放下 更要知他放下的是誰 若識得自有主宰 便不被他瞞過 海月遂省 禮謝
而已 又石霜和尙問石頭和尙 擧念不停時如何 石頭咄⁴⁸⁾云 是誰擧念 石霜
於此大悟 但只如此體究 念念不離於當處 擧意思慮 語言知覺細細審觀 從
何而出 古云 欲知佛去處 只這語言是 道云 要知本性根由 不離言語動靜

---

39) 行者가 제2본에는 行者一字이다.
40) 礙가 제2본에는 得이므로 이에 따라서 번역한다.
41) 途가 제2본에는 路이다.
42) 進이 제2본에는 進也이다.
43) 身平正損大過補不及令得均平이 제2본에는 없다.
44) 入門之要也가 제2본에는 入門戶之方便也이다.
45) 此也가 제2본에는 없다.
46) 生死가 제2본에는 없다.
47) 答弟子師云이 제2본에는 云是弟子 師又云이다.
48) 咄이 제2본에는 없다.

寶公云 未了之人聽一言 秖這如今誰動口 然雖如是說開 向上更有妙處 不修不行不能自到 若果到家鄉 則罷問程矣 且道[49]家鄉遠近 迷則千山萬水隔 悟則回頭便是家 理會得麼

起初行處認敎眞 若還失脚喪其身

踏得故鄉田地穩 做箇逍遙自在人

8. 행(行)

행(行)은 수행이다. 길이 험하여 닦지 않으면 걸어가기가 어렵다. 또 수(修)는 마음을 닦아서 깨침을 향하는 것이고, 행(行)은 선(善)을 실천하여 진여에 돌아가는 것이다. 마치 어떤 사람이 길을 닦는 것과 같아서 길에 장애가 되는 가시를 제거하고 그 길에 박혀있는 돌멩이를 제거하며 높은 곳은 높이를 없애고 낮은 곳은 낮은 곳을 메우며 쓸어서 깨끗하게 하면 곧 평탄하고 평온하게 된다.

사람의 마음도 또한 요컨대 그와 같이 공을 들여야 한다. 남에게 손해를 입히고 자기를 이롭게 하는 일체의 마음을 제거하는 것은 저 장애가 되는 길의 가시를 제거하여 평온하게 길을 갈 수 있는 것과 같고, 일체의 잡념 및 깨침에 장애가 되는 인연을 제거하는 것은 저 길에 박혀있는 돌멩이를 제거하여 함께 나아갈 수 있는 것과 같으며, 몸이 공평무사하여[平正] 지나친 것은 덜어내고 모자란 것은 보충하여 균평하게 만들어서 구심(垢心)을 덜어내고 염오(染汚)를 단절하여 청정토록 아우르는 것, 바로 그것이야말로 수행에서 처음 입문하는 요점인데, 입

---

49) 제2본에는 道가 없다.

으로 말하는 것에 있지도 않고 또한 발로 걸어가는 것에 있지도 않은 것으로 오직 마음에 의지하여 공을 들여야 한다.

그래서 선진(仙眞)[50]은 말한다.

"마음으로 공을 들여야지 세간사는 전체를 포기해야 한다."

불교에서는 말한다.

"심지법문은 혀로 말하는 것에 있지 않다."

유교에서는 말한다.

"말하는 것은 실천하는 것만 못하고, 실천하는 것은 그 자리에 도달하는 것만 못하다."

또한 저 한 걸음이 어디로부터 일어나는 것인지를 보고자 하는가. 만약 일어나는 도리를 알면 곧 생사의 근원을 알게 된다.

옛적에 유해월이 백운사부를 참문하여 예배를 드리고 물었다.

"제자는 마음을 어떻게 다스리고 어떻게 살아가야 하는지가 궁금합니다."

백운사부가 물었다.

"그렇게 궁금해하는 자는 누구인가."

유해월이 답했다.

"바로 저입니다."

백운사부가 말했다.

"마음을 다스리는 자는 누구인가."

그러자 유해월은 깨친 듯 했지만 확실하게 깨치지 못하고서 망설이

---

50) 仙眞은 선인과 진인을 가리키는 말이다.

다가 미소를 지었다. 이에 백운사부가 말했다.

"오고 가는 것은 모두 그대의 번거로움을 말미암은 것이므로 그것을 주
재하는 것을 없애버리는 것이 좋을 것이다. 그러므로 만약 그것을 마
주치거든 지나치지 말고 곧바로 놓아주라. 다시 놓아주는 그것이 누
구인가를 알고자 하는가. 만약 자신이 주재자인 줄을 알면 곧 남의 속
임수를 당하지 않을 것이다."

마침내 유해월이 깨치고나서 감사의 예배를 드렸다.

또한 석상경제가 석두희천에게 여쭈었다.

"망념이 일어나서 멈추지 않을 때는 어찌해야 합니까."

석두희천이 咄(돌)!! 하고 말했다.

"망념을 일으키는 자가 누구인가."

이에 석상경제가 대오하였다.

무릇 이와 같이 체구(體究)[51]하여 늘상 당처에서 벗어나지 않고 마음
을 가다듬고 사려하며, 어언과 지각이 어디에서 왔는가를 세밀하게 살
피고 관찰해야 한다.

고인이 말했다.

"부처님이 가신 곳을 알고자 하는가. 단지 부처님의 말씀이 바로 그것
이다."

도교에서는 말한다.

---

51) 도리를 충분히 이해하여 실천하는데 모범으로 삼아서 자세히 고찰하고 연구하는 것을
말한다.

"본성의 뿌리를 알고자 하는가. 어언과 동정을 벗어나 있지 않다."

보지공은 말한다.

"아직 이해하지 못한 사람은 한 마디 들어 보라. 다만 지금 그 누가 입을 움직이고 있는가."

비록 이와 같이 입을 열어서 말을 하고 있을지라도, 향상의 도리는 다시 오묘한 도리[妙處]가 있어서, 닦지 않고 실천하지 않으면 스스로 도달할 수가 없다. 그러다가 만약 마침내 고향에 도달하게 되면 곧 다시는 길을 묻는 것은 필요가 없다.

자, 말해 보라. 고향이란 멀고도 가깝다. 미혹하면 곧 천산과 만수가 막혀 있지만, 깨치면 곧 고개만 돌리면 바로 자기집이다. 이러한 도리를 알겠는가.

발심한 즉시 가르침의 진리를 터득해야 한다　起初行處認敎眞

만약 발이라도 헛디딘다면 몸을 잃고야 만다　若還失脚喪其身

마침내 고향의 땅을 밟아서 평온하게 된다면　踏得故鄕田地穩

일체에 소요하고 자재한 참도인이 될 것이다　做箇逍遙自在人

深

深者[52] 幽微玄妙 徹骨徹髓處也 若要到此田地 須是打倂輕快方可 道云 損
之又損之 以至於無爲 釋云 放下又放下 自然身心輕快 儒云 苟日新日日新

---

52) 深者가 제2본에는 深者一字이다.

又曰新 要如此者 須去靜坐 日夜打掃 直至掃無可掃 寸糸不掛 如父母未生
前燒了一般 古云 貼體汗衫都脫却 反求諸己廓然無 自然到家 且道不得還
家者何也 呀 日晚程途遠 身困擔頭沉 省也麼[53]

大道家鄉本不深 世人擔重自難尋
若能放下渾無物 便見靈山佛祖心

9. 심(深)

심(深)은 심오하고[幽微] 현묘하여 골수에 사무치는 것이다. 만약 이와
같은 경지에 도달하고자 하면 모름지기 마음이 한결같고 경쾌해야 바
야흐로 가능하다.

도교에서는 말한다.

"버리고 또 버림으로써 무위에 이른다."

불교에서는 말한다.

"내려놓고 또 내려놓으면 자연히 몸과 마음이 경쾌해진다."

유교에서는 말한다.

"진실로 매일 새로우려면 나날이 새로워져야 한다."

이와 같이 날로 새로우려면 모름지기 버리고서 고요하게 앉아서 밤
낮으로 쓸어야 한다. 그리하여 곧바로 쓸어도 쓸 것이 없는 경지에 도
달하여 실오라기 하나도 남아있지 않게 되면 분별심이 발생하기 이전
처럼 깡그리 불에 타서 없어지는 경지가 된다.

고인은 말한다.

---

53) 省也麼 대신에 제2본에는 十萬遊磨遍 無始到至今으로 되어 있다.

"몸에 달라붙은 땀에 젖은 적삼까지 모두 벗어버리고, 돌이켜서 모든 것을 자기에게서 추구하면 확연하게 없어져서 자연히 집에 도달한다."

자, 말해 보라. 집에 돌아가지 못하는 것은 무슨 까닭인가.

하(呀)!!

날은 저물고 가야 할 길은 먼데
몸은 피곤하고 등짐은 무겁다네
알겠는가.

대도의 가향은 본래 깊은 곳에 있지 않은데   大道家鄕本不深
세간 사람은 무거운 짐 지고도 찾지 못하네   世人擔重自難尋
일체를 내려놓으면 혼연히 일물조차 없건만   若能放下渾無物
곧장 영취산의 부처님과 조사를 친견한다네   便見靈山佛祖心

般若

般若者[54] 西天梵語也 東土翻爲智慧 大凡爲人須要自生智慧 若無智慧 眞是愚人 空過一生 甘伏死門 有一等無智之人 以聰明謂之智慧 大錯矣 且聰明之人 賣弄精細[55] 役使心神 出言如飛龍俊鷂 行持如跛鱉病龜[56] 貪利圖

---

54) 般若者가 제2본에는 般若二字이다.
55) 細가 제2본에는 㷀이므로 이에 따라서 번역한다.
56) 跛鱉病龜가 제2본에는 跛鱉瘤龜이다.

名 以麤[57]作細 看世財如骨如髓 棄性命若糞若土 只知明日後日 今年後年
不知老之將至死限臨頭 可惜空過時光 虛勞一世似此所爲 生死輪迴 如何
脫得 有智慧之人[58] 外如愚魯[59] 內默安詳 識有生有死 悟無得而無失 常自
諦觀 生從何來 死從何往 發此一念 親近知識 參問至人 求出世之法 迯<逃
=>生死之路 避過惡如避錐刀 顧性命如顧寶貝 動則安人利物 亦不被境瞞
靜 則入定觀空 更不滯莽蕩 如是之者 一旦果完 擺手還家 得大自在 先師
云 一日得還鄉 不作飄蓬客 釋云 撒手到家人不識 更無一物獻尊堂 川老云
孤舟到岸 遠客還鄉<飄舟到岸 孤客皈鄉?> 且道如何是鄉 咄 遠後十萬八
千 近後不離當處 會得麼
智慧聰明總是心 智人脩內蠢傍尋
若人有智超三界 無智愚夫生死臨

10. 반야(般若)

반야는 서천의 범어이다. 동토의 말로 번역하면 지혜가 된다. 무릇
사람이라면 모름지기 지혜가 있어야 한다. 만약 지혜가 없는 사람이라
면 참으로 어리석은 사람으로 일생을 헛되게 보내다가 죽음의 문에 꼼
짝없이 엎드리고 말 것이다. 저 지혜가 없는 부류의 사람이 총명을 지
혜라 일컫는 것은 큰 잘못이다.

대저 총명한 사람은 정기(精氣)를 뽐내고 심신(心神)을 부리면서 나는

---

57) 以麤가 제2본에는 紐粗이다.
58) 有智慧之人이 제2본에는 且有智慧之人이므로 이에 따라서 번역한다.
59) 外如愚魯가 제2본에는 外行愚鹵이다.

말과 뛰는 새매처럼 말을 하다가도, 실천으로 옮기는 데에는 절름발이 금계와 병든 거북이와 같으며, 이익을 탐하고 명예를 도모함으로써 거친 것을 세밀하다고 하고, 세간의 재물은 골수처럼 소중히 간주하면서도, 성명(性命)은 똥과 같고 흙과 같이 내팽개치며, 단지 내일과 후일과 내년과 후년만 알 뿐이지 늙어가서 장차 죽음에 다다르는 것은 알지 못하고, 가엾게도 허송세월하고 부질없이 일생을 보내니, 그와 같은 행위로서 생사윤회를 어떻게 벗어날 수 있겠는가.

그러나 한편 지혜로운 사람은 겉으로는 어리석은 듯해도 안으로는 고요하고 침착하여, 생과 사를 알고 소득도 없고 상실도 없음을 깨쳐서, 늘상 탄생은 어디에서 왔고 죽어서는 어디로 가는지를 세밀하게 관찰하며, 저 일념을 일으켜서 선지식을 친근하고 지인(至人)에게 참문하여 출세법을 추구하고 생사의 길을 벗어나며, 허물과 악을 피하기를 마치 송곳과 칼날을 피하듯이 하고, 성명(性命) 돌아보기를 마치 보배를 돌아보듯이 하며, 움직일 때는 남을 편안하게 하고 중생을 이롭게 하며, 또한 어떤 경계에도 속지 않는 즉 선정에 들어가 공을 관찰하되 다시는 무기공[莽蕩]에 빠져들지 않는다. 이와 같은 사람은 일단 공과가 완전하여 일을 마치고 집에 돌아와서 대자재를 터득한 경우이다.

선사(先師)는 말한다.

"어느 날 고향에 돌아오면 바람에 휘날리는 쑥대같은 사람은 되지 않는다."

불교에서는 말한다.

"손을 털고 집에 돌아왔는데 알아보는 사람이 없다. 더욱이 부모님께 드릴 선물 하나도 없다."

야보도천(冶父道川)은 말한다.

"외롭게 표류하던 나룻배가 부두에 도착하고 飄舟到岸

멀리 집나갔던 나그네가 고향집에 돌아왔다 孤客飯鄉"[60]

자, 말해 보라. 그 고향이란 도대체 무엇인가.

돌(咄)!!

멀다고 하면 십만팔천 리나 떨어져 있지만

가깝다고 하면 그 자리를 벗어나지 않았네

알겠는가.

지혜롭고 총명한 것은 다 마음일 뿐이니 智慧聰明總是心

지자는 안으로 수행하고 또 곁에서 찾네 智人脩內蠢傍尋

사람이 지혜롭다면 삼계를 초월하겠지만 若人有智超三界

지혜 없어 어리석으면 곧 생사에 이르네 無智愚夫生死臨

波羅

波羅者[61] 西天梵語也 東土翻爲到彼岸[62] 且迷者有生死 墮輪迴 只在此岸
也 悟者超生死 脫輪迴 到彼岸也 若要到彼岸 須是自生智慧 過此生死苦海
如人過水 水深難過 須用船橋 或用木牌竹筏 多種方便 盛載過此苦海而到

---

60) 야보의 게송110.

61) 波羅者가 제2본에는 波羅二字이다.

62) 到彼岸이 제2본에는 彼岸이다.

彼岸 旣達彼岸 前者船橋木牌等物 盡皆無用 見性悟道者 亦復如是 大顚云
如盲人求醫 遠路不能自行 須假人牽 兼手中有杖 方可 無此二物 不能得到
旣到醫家 醫師與他點眼 大見光明 其杖與牽人 都無用處 頓悟涅槃正道 亦
復如是 且道甚是牽人柱杖 予今說破 信者便行 不得外行難成內功 須用廣
作福田 福至心靈自然有箇道徑 只此便是牽人也 然後可以坐禪脩道⁶³⁾ 辦
取內功 求見性之法 了生死大事 一日功圓 得見本來面目 便是柱杖也 更要
參訪明眼師 眞大德 高僧求其印證 印證師眞⁶⁴⁾便是醫人也 一日頓悟⁶⁵⁾ 從
前多種方便 盡皆無用 惟柱杖不可棄⁶⁶⁾ 道云 得魚忘筌 得兎忘蹄 釋云 過河
須用筏 到岸不須船 儒云 得意忘言 得米忘田 旦<但?>道都敎忘却 因甚只
不敎棄了柱杖 未到水窮山盡處⁶⁷⁾ 且存作伴過時光 理會也未⁶⁸⁾

這根柱杖本無相 元與虛空無兩樣

若人提起透三天 遍界邪魔不敢望

11. 바라(波羅)

바라는 서천의 범어로서 동토의 말로 번역하면 도피안(到彼岸)이다.
또한 미혹한 자는 생사가 있어서 윤회에 떨어져 무릇 차안에 머물러 있

---

63) 不得外行難成內功須用廣作福田福至心靈自然有箇道徑只此便是牽人也然後可以坐禪脩
  道가 제2본에는 然後須이다.

64) 제2본에는 高僧求其印證印證師眞이 없다.

65) 제2본에는 一日頓悟가 없다.

66) 不可棄가 제2본에는 不可棄了이다.

67) 未到水窮山盡處가 제2본에는 求到水窮山盡處이다.

68) 理會也未 뒤에 제2본에는 這根柱杖本無相 元與虛空無兩樣 若人提起透三天
  偏界邪魔不敢望이 붙어 있다.

지만, 깨친 자는 생사를 초월하여 윤회를 벗어나서 피안에 도달한다. 만약 피안에 도달하고자 한다면 모름지기 스스로 지혜를 발생하여 이 생사의 고해를 지나야 한다.

마치 사람이 물을 건너가는 경우처럼 물이 깊으면 지나가기 어려우므로 모름지기 배나 다리를 활용하거나 혹 엮은 나무나 대나무의 뗏목을 활용하는 등 여러 가지 방편으로 채우거나 싣고서 이 고해를 지나서 피안에 도달한다. 그러나 피안에 도달하고나면 이전의 배나 다리나 엮은 나무 등의 사물은 모두 다 쓸모가 없다. 견성하여 오도한 사람도 또한 그와 마찬가지이다.

대전화상은 다음과 같이 말한다.

"마치 맹인이 의사를 찾는 경우와 같다. 먼 길을 스스로 갈 수가 없으므로 모름지기 남의 인도에 의지하고 아울러 손에 지팡이가 있어야 바야흐로 가능하지만 그 두 가지가 없으면 찾아갈 수가 없다. 이미 의원의 집에 도착하여 의사가 그한테 점안을 해주어 광명을 잘 볼 수가 있게 되면 그 지팡이와 안내하는 사람은 모두 쓸모가 없게 된다. 열반의 바른 길을 돈오하는 것도 또한 그와 마찬가지이다."

자, 말해 보라. 안내하는 사람과 지팡이란 무엇인가. 내가 지금 하는 말을 믿는 자라면 곧바로 실천하거라. 그러나 밖으로 실천하고 안으로 공을 들일 수가 없다면 모름지기 널리 복전을 지어야 한다. 복이 지극하면 마음이 영명해져 자연히 지름길이 생겨나는데, 바로 그것이 안내해주는 사람에 해당한다. 그런 연후에야 좌선으로 수도하여 안으로 공능을 터득하고, 견성법을 추구하여 생사의 대사를 마치게 되면, 어느 날 공능이 원만해져서 본래면목을 볼 수가 있게 되는데, 그것이 바로 주장자[지팡이]에 해당한다. 다시 명안종사·진대덕·고승들을 참방하여 그 인증을 추구해야 하는데, 인증해주는 스승이 진정으로 곧 의사에 해당한다. 어느 날 돈오하면 종전의 다양한 방편이 모두 다 쓸모가 없겠지만, 오직 주장자[지팡이] 만은 버려서는 안된다.

도교에서는 말한다.

"물고기를 잡고나면 통발을 잊고, 토끼를 잡고나면 올무를 잊는다."

불교에서는 말한다.

"물을 건널 때는 반드시 뗏목이 필하지만, 언덕에 도달하면 배가 필요하지 않다."

유교에서는 말한다.

"마음을 터득하면 언설을 잊고, 쌀을 거두고나면 밭을 잊는다."

무릇 모든 것을 잊으라고 말하면서 어째서 다만 끝내 주장자[지팡이] 만은 버리지 말라고 하는가. 물이 다하고 산이 다한 곳에 도달하지 못했거든 우선 도반을 두고서 세월을 보내야 한다. 이런 도리를 알겠는가.

저 근본의 주장자에는 본래 형상이 없고 這根柱杖本無相
원래 허공과 똑같아서 두 모습도 없다네 元與虛空無兩樣
그 누가 주장자 세워 도리천을 꿰뚫으면 若人提起透三天
모든 세계 사마들이 감히 엿보지 못하네 遍界邪魔不敢望

蜜多

蜜多者[69] 西天梵語也 東土翻爲無極 且無極者 無極而太極者[70] [○]乃虛空
妙道也 古云 無極而太極 太極分二儀 二儀生三才 三才生四象 四象生五行
因有五行 漸漸滋生萬類 萬類盡在妙道之中包含也 是[71]以蜜之一字 喩於
虛空妙道 多者 比於諸品衆類 有情無情 皆屬道之含攝 且如蜂採百華 醞造
成蜜 未成之時 有醎酸甘苦辛之衆味 青黃赤白之衆色 其味不等 其色不一
一日功成蜜就 種種之味 釀成一味 般般之色 混同一色 馨香美味 一無差別
到此則蜂得養生 人得受用 修行之人 亦復如是 且如修行之人 調伏身心 朝
磨暮煉 功行未成之際 有慳貪心 利名心 嫉妬心 計較心 勝負心 貢高心 我
慢心 殺害心 狼毒心[72] 三毒心 怕怖心 邪心 妄心 無明 黑暗心 種種不善之
心 又有[73] 暴惡性 麤躁性 風吹性 隨邪性 愚濁性[74] 見趣性 乖劣性 虛詐性
好鬪性 撅强性 顚誑性 浮華性 諂曲性[75] 自無始以來 一切習性[76]八萬四千
有餘[77] 說不可盡 一日功圓 頑心自盡 煆成一味清淨最上無礙眞心 種種自
和 煉就一片萬劫不壞圓明法性 到此並無差別之心 亦無異類之性 衆惡自

---

69) 蜜多者가 제2본에는 蜜多二字이다.
70) 者가 제2본에는 也이다.
71) 是가 제2본에는 今이다.
72) 計較心 · 勝負心 · 貢高心 · 我慢心 · 殺害心 · 狼毒心의 순서가 제2본에는
　　狼毒心 · 計較心 · 勝負心 · 貢高心 · 我慢心 · 殺害心의 순서로 되어 있다.
73) 邪心 · 妄心 · 無明 · 黑暗心 · 種種不善之心 又有가 제2본에는
　　邪匡心 · 妄想心 · 無明心 · 愚濁心 · 不善心 · 哄人心으로 되어 있으므로 이에 따라서 번역한다.
74) 風吹性 隨邪性 愚濁性이 제2본에는 風火性이다.
75) 諂曲性 뒤에 제2본에는 分別性 · 貪嗔性 · 恩愛性 · 返復性이 있으므로 이에 따라서
　　번역한다.
76) 一切習性이 제2본에는 一切習性貪心이므로 이에 따라서 번역한다.
77) 餘가 제2본에는 餘이다.

消衆惡自滅 一眞獨露 得大自在[78] 古德云 衆星朗朗 不如孤月獨明 道云 百

川流有盡 一海納無窮 仙師云 千思萬慮終成妄 獨守一眞道自親 且道如何

得見一眞 咄 開眼被他瞞 諸人拏不著 省也未[79]

若干種種恐難同 休敎差別走西東

收來安放丹爐內 煉得金烏一樣紅

12. 밀다(蜜多)

　밀다는 서천의 범어이다. 동토의 말로 번역하면 무극(無極)이다. 곧 무극은 무극이면서 태극으로서[○] 이에 허공과 같은 묘도이다.

　그래서 고인은 다음과 같이 말한다.

"무극이지만 태극이다. 태극은 이의(二儀 : 陰·陽)로 나뉘고, 이의에서 삼재[天·地·人]가 발생하며, 삼재에서 사상(四象)[日·月·星·辰]이 발생하고, 사상에서 오행(五行 : 水·火·木·金·土)이 발생하고, 오행이 있음으로 인하여 점점 불어나서 만류(萬類)가 발생된다."

　그 만류(萬類)는 모두 묘도 가운데 포함되어 있다. 이로써 밀(蜜)이라는 한 글자는 허공과 같은 묘도에 비유되고, 다(多)는 모든 품류의 갖가지 종류에 비유된다. 이처럼 유정과 무정이란 모두가 묘도의 함섭(含攝)에 속한다. 그것은 곧 벌이 온갖 꽃을 채집하여 그것으로 꿀을 만드는

---

78) 說不可盡 一日功圓 頑心自盡 煆成一味清淨最上無礙眞心 種種自和
　　煉就一片萬劫不壞圓明 法性到此 並無差別之心 亦無異類之性 衆惡自消衆惡自滅
　　一眞獨露 得大自在가 제2본에는 說不能盡 智慧之人 一刀兩斷 立志防身 窮根究本
　　功圓行滿 頑心自盡 邪性以滅 顯出聖心眞性 並無差別 獨露眞常 得大自在이다.
79) 咄 開眼被他瞞 諸人拏不著 省也未가 제2본에는 없다.

것과 같아서, 숙성되기 전에는 짜고 시며 달고 쓰며 매운 갖가지 맛이
나고, 청색과 황색과 적색과 백색의 갖가지 색깔이 있어서 그 맛도 다
르고 그 색깔도 다르다. 그러나 어느 날 공능이 성취되어 꿀이 만들어
지면 갖가지 맛이 빚어져서 일미가 되고 갖가지 색깔이 뒤섞여 동일한
색깔이 되어서, 그윽한 향기와 좋은 맛이 한결같아서 끝내 차별이 없
다. 이런 상태에 도달하면 곧 벌은 양생을 얻고 사람은 수용을 얻는다.

　수행하는 사람도 또한 그와 마찬가지이다. 곧 저 수행하는 사람이 몸
과 마음을 다스리려고 아침에 연마하고 저녁에 단련하더라도 아직 공
행이 성취되지 않았을 때는 간탐심·명리심·질투심·계교심·승부
심·공고심·아만심·살해심·잔학심[狼毒心][80]·삼독심·공포심[怕怖
心]·사특심[邪慝心]·망상심·무명심·우치심[愚濁心]·불선심·아양
심[哄人心] 등이 있고, 또한 포악성·조잡성[麤躁性]·변절성[風吹性]·번
뇌성[隨邪性]·우치성[愚濁性][81]·순응성[見趣性]·괴열성(乖劣性)[82]·사기
성[虛詐性]·호홍성(好鬨性)[83]·호전성[撅强性]·전도성[顚詿性]·허영성[浮
華性]·아첨성[諂曲性][84]·분별성(分別性)·탐진성(貪嗔性)·은애성(恩愛
性)·반복성(返復性) 등이 있는데, 무시이래로 일체의 습성이 팔만사천
가지가 넘어서 다 설할 수가 없다.

---

80) 計較心·勝負心·貢高心·我慢心·殺害心·狼毒心의 순서가 제2본에는
　　狼毒心·計較心·勝負心·貢高心·我慢心·殺害心의 순서로 되어 있다.
81) 風吹性·隨邪性·愚濁性이 제2본에는 風火性이다.
82) 하는 일마다 어그러지고 뒤틀리며 훼방을 놓으려는 마음을 가리킨다.
83) 누구든지 좋아하여 선악을 분별하지 못하고 상황을 파악하지 못하는 마음을 가리킨다.
84) 諂曲性 뒤에 제2본에는 分別性·貪嗔性·恩愛性·返復性이 있으므로 이에 따라서
　　번역한다.

그러나 어느 날 공능이 원만해지면 고집스런 마음이 저절로 사라지고, 일미가 청정하고 최상이며 걸림이 없는 진실한 마음으로 단성(煆成)되고, 갖가지 저절로 화합되어 일편이 만겁토록 무너지지 않는 원명한 법성으로 연취(煉就)된다. 그런 경지에 도달하면 아울러 차별심(差別心)이 없어지고 또한 이류성(異類性)이 없어지며, 갖가지 악이 저절로 소멸되고, 갖가지 악이 저절로 소멸되므로 일진(一眞)이 홀로 드러나 대자재를 터득한다.

고덕이 말했다.

"뭇별이 밝고 밝지만 보름달 하나의 밝음만 못하다."

도교에서는 말한다.

"온갖 강물의 흐름은 끝이 있지만 하나의 바다가 그것을 받아들이는 데에는 끝이 없다."

선사(仙師)는 말한다.

"천 가지 만 가지 분별사려는 끝내 망상이 되고 만다. 그러나 오직 일진(一眞)만 지킨다면 깨침이 저절로 가까워진다."

자, 말해 보라. 어찌하면 일진(一眞)을 볼 수가 있겠는가.

돌(咄)!!

벌겋게 두 눈을 뜬 채로 남에게 속았으니

모든 사람이 잡으려고 했지만 놓쳐버렸네

알겠는가.

무수히 많은 두려움이 한결같지 않으니　若干種種恐難同

차별심으로 이리저리 자못 치닫지 말라　休教差別走西東

마음에 거둬들여 붉은 화로에 던져두면　收來安放丹爐內
단련된 심성일랑 태양처럼 붉게 탄다네　煉得金烏一樣紅

時

時者⁸⁵⁾ 正見之時也 言見亦無可見 言時 未可定時 仙師云 一陽纔動之時 自

有無窮消息⁸⁶⁾ 古德云 清風颯颯透心懷 此時快樂人難識 玄之又玄⁸⁷⁾ 無東

西南北 無四維上下 無過去未來見⁸⁸⁾ 在 虛空平等⁸⁹⁾ 與大道混然 無有二處⁹⁰⁾

共歸一時⁹¹⁾ 川老云 時時 清風明月鎭相隨 桃⁹²⁾紅李白薔薇紫 問著東君總

不知 且道 東君在何處安身[○]見麽 打不離 割不死 在桃紅李白 在薔薇黃

紫 呵呵 模得著也未⁹³⁾

若問端的是何時 清風明月自家知

東君昨夜傳消息 綻出紅梅第一枝

---

85) 時者가 제2본에는 時者一字이다.

86) 正見之時也 言見亦無可見言時、未可定時 仙師云 一陽纔動之時 自有無窮消息이
　　제2본에는 當時也 爲人在世 多有不惺 一時覺悟 明徹心地 識破萬緣是假 了知世事空華
　　直下迴光 便得清淨 清淨自然合道이다.

87) 玄之又玄이 제2본에는 玄之又玄 妙之又妙이다.

88) 見이 제2본에는 現이므로 이에 따라서 번역한다.

89) 虛空平等이 제2본에는 與虛空平等이므로 이에 따라서 번역한다.

90) 與大道混然無有二處가 제2본에는 與大道無二이다.

91) 共歸一時가 제2본에는 共歸一時 並無二處이다.

92) 桃가 제2본에는 挑이다.

93) 模得著也未가 제2본에는 없다.

13. 시(時)

시(時)는 정견시(正見時)이다. 견(見)이라 말해도 또한 볼 수가 없고, 시(時)라 말해도 정해진 시(時)가 아니다.

선사(仙師)는 말한다.

"하나의 양기가 움직이면 곧장 무궁한 소식이 나타난다."

고덕이 말했다.

"맑은 바람 살랑살랑 불어와 마음에 스며들면 그러한 때의 쾌락을 그 누가 알리요."

현묘하고 또 현묘하니, 동·서·남·북이 따로 없고, 사유와 상하도 없으며, 과거 미래 현재도 없고, 허공처럼 평등하고, 대도처럼 혼연하며, 분별의 도리가 없는 것은 모두 일시로 돌아간다.

야보도천은 말한다.

"막연한 시라고 말했던 그 막연한 시여 時時
맑은 바람과 밝은 보름달 서로 따르고 淸風明月鎭相隨
분홍 복사꽃 하얀 오얏꽃 붉은 장미꽃 桃紅李白薔薇紫
춘풍에게 물어도 도통 알 수가 없다네 問著東君總不知"[94]
자, 말해 보라.
봄바람은 어디에 몸을 감추었나
봄바람[○]이 두 눈에 보이던가
몽둥이로 때려도 도망가지 않고
칼로 베어 잘라도 통 죽지 않네

---

94) 야보의 게송7.

오얏꽃 하얗고 복사꽃 분홍이며
장미꽃은 노랗고도 또한 붉다네
하하하! 찾았는가.

만약 단적으로 어느 때냐고 묻는다면   若問端的是何時
맑은 바람과 보름달은 스스로 안다네   淸風明月自家知
어제 밤에 봄바람이 소식을 전했는데   東君昨夜傳消息
붉은 매화의 첫가지 벙글었다 하더라   綻出紅梅第一枝

照見五蘊皆空

五蘊者[95] 色受想行識也 此五等因積習而不散 妄認色身是我 故長劫輪迴
若人猛省借此幻身 須[96]敎脩行 常自返照 照見五蘊淨盡 淸淨本然[97] 且道
如何是色受想行識 怎生得此五蘊皆空 予今直說分明 若有解悟[98]之者 休
生疑惑 信受奉行 必有契道之日 且色者 窒礙之義 若見境逢物 不著不染
是無窒礙[99] 色蘊自空也 受者 領納之義 若遇一切聲色境界 心不領納 得受
蘊空也 想者 妄想思慮之義 若過去不思 未來無想 現在自如 得想蘊空也
行者 心念不停遷流之義 若十二時中 心不外遊 念不煩亂 不被物轉 不被境

---

95) 五蘊者 앞에 제2본에는 說四大不實 五蘊者이다.
96) 須가 제2본에는 依이므로 이에 따라서 번역한다.
97) 제2본에는 淸淨本然이 없다.
98) 悟가 제2본에는 語이므로 이에 따라서 번역한다.
99) 礙가 제2본에는 礙也이다.

留 一念不離當處 得行想[100]空也 識者 別無親疎之義 亦乃著物之理 若見一
切境物 一無分別辨認 一槩平等 見如不見 識如不識 無親無疎 來則應之
去則不思 得識蘊空也 旣得到此田地 自然照見五蘊皆空 六窓明淨 淨躶躶
赤洒洒 沒可把 又有甚四大五蘊名字 亦不可得 道云 惟見於空 釋云 虛空
獨露 昔歌利王遊[101]獵 遇一仙人 問語不答 先却左膊 次卸<却?>右膊 節節
支解 仙人面無懼怒之色與恒常一同[102] 並不改顏 罽賓國王問獅子尊者曰
在此做什麼 尊者答曰 在此蘊空 王問 得蘊空否 尊者答[103]曰 已得蘊空法
王曰 求師頭得否 尊者答[104]曰 身非我有 何況頭乎 又肇法師云 四大元無我
五蘊悉皆空 將頭臨白刃 猶如斬春風 又舍利弗見天女 問云 何不變却女身
去 天女答曰 我十二年覓女身 了不可得 教我變個什麼 從上祖師皆得蘊空
法[105] 又鏡清和尚住院三年 本院土地 要見師顏不能得 又太古郝眞人 在趙
州橋下辨道 忽一夜聞衆鬼於河畔共語云 明日有一戴鐵帽人替我 言訖 杳
無音耗 至次日 將暮大雨 忽作見一人頭頂 一鐵鍋遮雨 至橋下 欲[106]洗脚過
橋 太古一見喝云[107] 不可洗 其人聽[108] 眞人之言 扶欄上橋而去 至夜衆鬼

---

100) 想이 제2본에는 蘊이므로 이에 따라서 번역한다.
101) 遊가 제2본에는 道이다.
102) 仙人面無懼怒之色與恒常一同이 제2본에는 仙人面無恐懼이다.
103) 答이 제2본에는 없다.
104) 答이 제2본에는 없다.
105) 從上祖師皆得蘊空法이 제2본에는 없다.
106) 欲이 제2본에는 浴이므로 이에 따라서 번역한다.
107) 云이 제2본에는 없다.
108) 其人聽이 제2본에는 听이다.

皆至 一鬼言 我[109]三年等得一箇替頭 被這先生將我底來[110]破了 衆鬼欲害
眞人 來往尋覓不得[111] 不知眞人在於何處 嗟嘆而去 其時[112] 眞人只在橋下
鬼不能見[113] 又弘覺和尙住菴 天廚送食 及再參洞山和尙 後飯菴 天神三日
送食 到菴不見菴主菴主只在菴中 爲何不見[114] 皆得圓頓之法 隱身之訣 所
以[115]神鬼俱不得見 且道[116] 四大不實 色身非有 五蘊盡空 甚是本來面目
咄[117] 這一句從那裏出來 照見五蘊空底是阿誰 瞎漢當面蹉過 咦 一心只在
絲綸上 不見蘆華對蓼紅[○] 見麼[118]

識破回頭便下功 了然脫洒悟心空

從他四大都零落 其中別有一神通

14. 조견오온개공(照見五蘊皆空)

오온은 색·수·상·행·식이다. 이 다섯 가지는 누적된 습기로 인
하여 흩어지지 않은 것인데, 허망하게도 그 색신을 아(我)로 인식한 까
닭에 장겁토록 윤회한다. 그러나 어떤 사람이 그것은 환신(幻身)에 가차

---

109) 我가 제2본에는 없다.
110) 我底來가 제2본에는 없다.
111) 得이 제2본에는 見이므로 이에 따라 번역한다.
112) 其時가 제2본에는 없다.
113) 能見이 제2본에는 能得見이다.
114) 又弘覺和尙住菴 天廚送食 及再參洞山和尙 後飯菴 天神三日送食 到菴不見菴主
　　菴主只在菴中 爲何不見 대목이 제2본에는 又弘覺和尙住庵 天廚送供 後參洞山和尙
　　又來歸庵 天人三日送供不見庵主 庵主只在庵中 爲何不見이다.
115) 所以가 제2본에는 없다.
116) 且道가 제2본에는 없다.
117) 咄이 제2본에는 없다.
118) 瞎漢當面蹉過 咦 一心只在絲綸上 不見蘆華對蓼紅[○]見麼가 제2본에는 없다.

(假借)한 것임을 문득 깨쳐서 교법에 의거해 수행하여 늘상 스스로 반조한다면 오온이 말끔히 다하여 청정본연(淸淨本然)인 줄을 조견(照見)할 것이다.

자, 말해 보라. 색 · 수 · 상 · 행 · 식은 무엇이고, 어찌하면 오온이 모두 공해지는가. 내가 이제 분명하게 직설하겠다. 만약 그 말을 이해하는 자가 있다면 발생하는 의혹을 그치고 믿고 받아들이며 받들고 실천하라. 그러면 반드시 깨침에 계합하는 날이 있을 것이다.

또 색(色)은 장애의 뜻이다. 그러나 만약 경계를 보고 사물을 마주쳐도 집착하지 않고 물들지 않으면 곧 장애가 없어져 색온이 저절로 공해진다.

수(受)는 받아들임의 뜻이다. 만약 일체의 색과 소리의 경계를 만나더라도 마음에 받아들임이 없으면 수온이 공함을 터득할 것이다.

상(想)은 망상과 분별의 뜻이다. 만약 과거에 대하여 분별[思]이 없고 미래에 대하여 망상[想]이 없으며, 현재에 대하여 몸소 여여하면 상온이 공함을 터득할 것이다.

행(行)은 마음과 생각[心念]이 끊임없는 흐름의 뜻이다. 만약 하루종일 마음이 밖으로 치달리지 않고 생각이 혼란하지 않아서 사물의 전변(轉變)에 휘말리지 않으며 찰나도 당처에서 벗어나지 않으면 행온의 공함을 터득할 것이다.

식(識)은 친(親) · 소(疎)의 분별없음이라는 뜻일 뿐만 아니라 또한 사물에 집착이 없다는 도리이기도 하다. 만약 일체의 경계와 사물을 보더라도 분별과 인식이 전혀 없고 한결같이 평등하며, 보아도 보지 않은 것처럼 하고 인식해도 인식하지 않은 것처럼 하며, 친(親)도 없고 소(疎)

도 없으며, 오면 그대로 응수하고 떠나면 그대로 연연하지 않으면 식온이 공함을 터득할 것이다.

이미 이와 같은 경지에 도달하면 자연히 오온이 모두 공한 줄을 조견하여 육근이 명정(明淨)하고 정나나적쇄쇄(淨裸裸赤洒洒)하여 전혀 손댈 곳조차 없는데, 다시 무슨 사대와 오온이라는 명자가 있겠고, 있다고 한들 또한 얻을 수도 없다.

도교에서는 말한다.

"오직 허공만 보인다."

불교에서는 말한다.

"허공이 우뚝 드러났다."

옛적에 가리왕이 사냥놀이를 가서 한 수행자[仙人]를 만나서 질문을 했는데도 아무런 대답이 없었다. 이에 먼저 왼쪽 팔을 자르고, 다음으로 오른 팔을 자르며, 마디마디를 잘랐지만 수행자는 얼굴에 두려워하거나 화내는 기색도 없이 평소와 똑같았고, 아울러 얼굴빛도 변하지 않았다.[119]

계빈국 왕이 사자존자에게 물었다.

"여기에서 무엇을 수행합니까."

존자가 답했다.

"여기에서 오온이 공함을 공부하였습니다."

---

119) 鳩摩羅什 譯, 『金剛般若波羅蜜經』, (大正新脩大藏經8, p.750中)

왕이 물었다.

"오온이 공함을 터득했습니까."

존자가 답하여 말했다.

"오온이 공한 법을 이미 터득하였습니다."

왕이 물었다.

"스님의 머리를 취해도 되겠습니까."

존자가 답하여 말했다.

"이 몸조차도 아(我)가 없는데 하물며 머리이겠습니까."[120]

또 승조법사가 말했다.

"사대에는 원래 아가 없고　四大元無我

오온도 그 모두가 공이다　五蘊悉皆空

칼날이 머리에 닿는 것도　將頭臨白刃

봄바람을 베는 것과 같네　猶如斬春風"[121]

또 사리불이 천녀를 보고 물었다.

"그대는 어째서 여자의 몸을 변화시키지 않습니까."

천녀가 답하여 말했다.

"나는 12년 동안 여자의 몸을 찾아보았지만 찾지 못했습니다. 그런데

---

120) 『付法藏因緣傳』 卷6, (大正新脩大藏經50, p.321下)

121) 『景德傳燈錄』 卷27, (大正新脩大藏經51, p.435中) "四大元無主 五陰悉皆空 將頭臨白刃 猶似斬春風" 참조.

저더러 무엇을 변화시키라는 것입니까.”[122]

위에선 언급한 조사들은 모두 오온이 공한 법을 터득하였다. 또한 경청도부(鏡清道怤)[123] 화상이 사찰에 3년 동안 살았다. 그 사찰의 토지신은 경청도부의 얼굴을 보고자 하였지만 끝내 볼 수가 없었다.

또 태고학의 진인이 조주의 다리 밑에서 수행을 하였다. 그런데 홀연히 어느 날 밤에 귀신들이 물가에 모여서 다음과 같이 이야기하는 소리를 들었다.
“내일 머리에 철모를 쓴 어떤 사람이 있을 터인데 내가 바로 그 사람이다.”
그 말을 마치자 소리가 아득히 멀어지더니 없어졌다. 다음날 저녁 무렵에 큰 비가 내렸는데, 홀연히 어떤 사람이 머리에 철모를 쓰고 비를 피하려고 다리 밑에 이르렀다. 그는 발을 씻고 나서 다리를 지나가려는 참이었다. 태고학의 진인이 그것을 보고 고함을 질렀다.
“발을 씻지 마시오.”
그 사람은 진인의 말을 듣고 난간을 붙들고 다리 위로 올라가더니 그냥 지나가버렸다. 밤이 되자 귀신들이 모두 그곳에 이르렀는데, 그 가운데 한 귀신이 말했다.

---

122)『新華嚴經論』卷1, (大正新脩大藏經36, p.726上」 기타『說無垢稱經』卷4, (大正新脩大藏經14, p.573下) 참조.
123) 鏡清道怤는 鑑清道怤 · 龍册道怤 · 小怤布衲 · 順德大師라고도 불렸는데, 玄沙師備와 함께 雪峰義存의 제자이다.

"나는 3년 동안 한결같이 다른 사람으로 변하였는데 저 선생한테 내가 변한 모습을 간파당해버렸다."

이에 귀신들이 그 진인을 해치려고 그 자리에 와서 찾아보았지만 볼 수가 없었고, 그 진인이 어디에 있는지도 알아내지 못했기 때문에 탄식만 하고 물러갔다. 그때 진인은 그저 다리 밑에 있었을 뿐이었지만 귀신들은 그를 볼 수가 없었다.[124]

또 홍각화상이 암자에 주석하였는데 하늘의 주방에서 음식을 보내주었다. 후에 다시 동산화상을 찾아가 공부하고 나서 그 암자에 돌아왔다. 천신이 사흘 동안이나 음식을 보내드리려고 암자에 도착했지만 암주를 볼 수가 없었다. 암주는 그저 암자 안에 있었을 뿐이었는데 어째서 보지 못하였던가. 곧 원돈의 교법을 터득한 것이 은신의 비결이었다.

때문에 위의 모든 경우에 귀신들이 볼 수가 없었다.

자, 말해 보라. 사대에는 실체가 없고 색신에도 실체의 존재가 없다. 오온이 모두 공한데 무엇이 본래면목인가.

돌(咄)!!

저 일구[125]는 어디에서 나온 것인가. 그리고 오온이 공함을 조견하는 사람은 누구인가.

---

124) 『法華經意語』, (卍新續藏31, p.663上) CBETA에 의함.
125) 저 일구는 照見五蘊皆空을 가리킨다.

눈 먼 사람[126]을 만나면 낭패다.

이(咦)!!

일심은 그저 낚싯줄 끝에 붙어있을 뿐인데도

갈대꽃이 붉은 여뀌꽃과 마주한 것 못본다네

○!!

보았는가.

머리 한번 돌리매 공용에 떨어진 줄 안다면　識破回頭便下功

분명하고 소탈하게 일심이 공함을 깨친다네　了然脫洒悟心空

저 사대에 대하여 곧 모든 집착 초월한다면　從他四大都零落

그 가운데서 또 덤으로 신통력 얻게 된다네　其中別有一神通

度一切苦厄

若得五蘊空便出生死界[127] 得免輪迴苦 太上云 吾有大患 爲吾有身 及吾無身 吾有何患 釋云 身是衆苦之本 儒云 有身有患 無執無憂 經云 三界無安 猶如火宅 衆苦充滿 甚可怖畏 若是有智之人 反照自己 悟得自身皆虛幻 非爲眞實 何況他物 一日無常 盡皆抛撒 百無一用 念念如此 心境自除 褁念 自少 更須參訪知識 親近智人 求出身之路 了生死大事 忽朝爆[128]地一聲 脫

---

126) 눈 먼 사람은 깨침의 안목을 갖추지 못한 어리석은 스승을 가리킨다.

127) 若得五蘊空便出生死界가 제2본에는 佛憫衆生 開權顯實 超生越死이다.

128) 爆이 제2본에는 吶(역)이다.

下漆桶底 便見本來面目¹²⁹⁾ 要見本來面目麼 [○] 古今無改變 人自認不眞¹³⁰⁾

若得心空苦便無 有何生死有何拘

一朝脫下胎用襖 作箇逍遙大丈夫

15. 도일체고액(度一切苦厄)

만약 오온이 공함을 터득한다면 곧 생사의 세계를 벗어나서 윤회의 고통을 면한다.

태상노군은 말한다.

"우리에게 큰 근심이 있는 것은 우리에게 몸이 있기 때문이다. 그런데 나한테는 몸이 없거늘 나한테 무슨 근심이 있겠는가."

불교에서는 말한다.

"몸이야말로 곧 온갖 고통의 근본이다."

유교에서는 말한다.

"몸이 있으면 근심이 있고, 집착이 없으면 걱정이 없다."

『법화경』에서는 말한다.

"삼계에 평안이 없는 것이   三界無安

마치 불타는 집과 같아서   猶如火宅

온갖 고통 충만해 있으니   衆苦充滿

몹시 저어해야 할 것이네   甚可怖畏"¹³¹⁾

---

129) 目이 제2본에는 빠져 있다.

130) 제2본에는 人自認不眞 뒤에 明師說破了 元來這箇心이 붙어 있다.

131) 『妙法蓮華經』 卷2, (大正新脩大藏經9, p.14下)

그러나 만약 지혜가 있는 사람이라면 자기를 반조하여 자기의 몸이 모두 허깨비로서 진실한 것이 아님을 깨친다. 하물며 다른 사물의 경우이겠는가. 곧 무상하여 하룻만에 모두 다 흩어져버리고 마니, 백 가지 가운데 하나도 쓸모가 없다. 늘상 이와 같이 하면 마음과 경계가 저절로 제거되고 잡념이 저절로 줄어든다. 이에 모름지기 선지식을 참방하고 지인(智人)을 친근하여 출신의 활로를 추구해서 생사의 대사를 요달하면, 어느 날 아침에 홀연히 탁!! 하고 터지는 소리에 칠통을 벗어나서 문득 본래면목을 보게 된다.

본래면목을 보고자 하는가. [○]

옛날이나 또 오늘날이나 변함이 없거늘

사람이 스스로 진실 아님으로만 안다네

마음에 공을 터득하면 고통 사라지는데	若得心空苦便無
어찌 생사가 있어 거기에 구속되겠는가	有何生死有何拘
홀연히 육신에 대한 집착을 벗어난다면	一朝脫下胎用襖
한가롭게 소요하는 대장부라 할 만하네	作箇逍遙大丈夫

舍利子

舍者屋舍也[132] 比四大五蘊色身[133] 利子者 舍中之本來一點眞靈[134] 卽主張
形骸者是也[135] 如客店主人暫住 主若離舍 屋卽倒塌 利子常在 只是換了房
舍居住 道云 身是氣之宅 心是神之舍 久而神氣散 又是移屋住 釋云 無始
劫來賃屋住 至今誰識主人公 藥山又云 皮膚脫落盡 惟有一眞實 要見眞實
底麽 還識這箇 [○]也未[136] 來來往往幾[137]千遭 只是世人模不著
莫道房兒又不多 包藏天地及山河
其中有箇眞仙子 不染纖塵鎭大羅

16. 사리자(舍利子)

사(舍)는 집으로서 사대(四大)와 오온(五蘊)의 색신(色身)을 비유한 것이
다. 리자(利子)는 집안에 본래부터 있었던 한 점의 진실하고 영묘한
것[一點眞靈]으로서 곧 몸[形骸]을 주재하는 것을 가리킨다. 마치 주인이
잠시 머무는 객점과 같다. 그러나 만약 주인이 떠나면 집은 무너지지
만 리자(利子)는 상재한다. 다만 거주하는 방사만 바뀌었을 뿐이다.

도교에서는 말한다.

"몸은 기운을 담고 있는 집이고, 마음은 정신을 담고 있는 집이다. 그

---

132) 舍者屋舍也 앞에 제2본에는 舍利子者 辯眞假二儀也는 대목이 있다.
133) 五蘊色身이 제2본에는 色身是也이다.
134) 之本來一點眞靈이 제2본에는 本來一靈眞性이다.
135) 卽主張形骸者是也가 제2본에는 主杖堅固體也이다.
136) 也未 뒤에 제2본에는 又云이 있으므로 이에 따라서 번역한다.
137) 幾가 제2본에는 幾이므로 이에 따라서 번역한다.

러나 오래되면 정신과 기운이 흩어지는데 그것은 살고 있던 집을 옮기는 경우와 같다."

불교에서는 말한다.

"무시겁래로 집을 빌려서 살아왔는데 이제와서 그 누가 주인공인 줄 알겠는가."

약산유엄은 또 말한다.

"육신[皮膚]을 모두 탈락하고나면 오직 일진실(一眞實)만 남는다."

그 일진실(一眞實)을 보고자 하는가. 바로 거시기[這箇 ○]는 알고 있는가.

또 다음과 같은 말이 있다.

오고 가면서 몇 천 번이나 만났던가

세간 사람들은 도통 찾을 수가 없네

방 안에서 노는 아이들 많다고 말해선 안 되네	莫道房兒又不多
천지를 감싸 안고 산하까지도 감춰두고 있다네	包藏天地及山河
그 가운데에는 진실한 선자가 포함되어 있는데	其中有箇眞仙子
조금도 오염되지 않고 저 대라궁마저 점령하네	不染纖塵鎭大羅

色不異空

道性無二 色空一等[138] 只在目前 應物現形 人皆不識 長者長空 短者短空 方者方空 圓者圓空 白者白空 赤者赤空 小者小空 大者大空 遠者遠空 近者近空 道云 人人本有 箇箇不無 釋云 蠢物含靈 皆有佛性 儒云 一切含靈 各具一太極 古德又云 塵塵是道 塵塵是佛 仙眞云 何物不稟道生 何處不是道化 隨處現形 隨所自在 道不遠人 人自遠之 反觀自身是色 色中須有眞空覺性 應現種種相 卽是眞空覺性所現 永嘉云 幻化空身卽法身 法身覺了<覺卽了?>無一物 本源自性天眞佛 傅眞云 有形假相 內包無相眞形 寶公云 有相身中無相身[139] 咄[140] 理會得麽 桃紅柳綠紅柳綠<紅柳綠-?> 梅華白 總是東君造化成[141]

虛空造化自然工 大地山河體混融

隨處現形人不識 自家昧了主人公

17. 색불이공(色不異空)

깨침과 자성이 둘이 아니고 색과 공은 하나로서 동등하다. 다만 눈에 있을 때는 사물에 대응하여 형체가 드러날 뿐인데도 사람들이 모두 알지 못한다. 긴 것은 긴 대로 공하고 짧은 것은 짧은 대로 공하며, 모난 것은 모난 대로 공하고 둥근 것은 둥근 대로 공하며, 흰 것은 흰 대로 공하고 붉은 것은 붉은 대로 공하며, 작은 것은 작은 대로 공하고 큰 것

---

138) 道性無二 色空一等이 제2본에는 色不異空者 更無分別也 道性非二 眞空一等이다.
139) 有相身中無相身 뒤에 제2본에는 無相終日放光明이 있다.
140) 제2본에는 咄이 없다.
141) 제2본에는 桃紅柳綠紅柳綠梅華白 總是東君造化成이 없다.

은 큰 대로 공하며, 먼 것은 먼 그대로 공하고 가까운 것은 가까운 그
대로 공하다.

도교에서는 말한다.

"사람마다 본유하여 개개마다 없지 않다."

불교에서는 말한다.

"꿈틀거리는 중생과 생명을 지니고 있는 존재에는 모두 불성이 있다."

유교에서는 말한다.

"일체의 생명을 지니고 있는 존재에는 각각 하나의 태극을 갖추고 있
다."

고덕은 또 다음과 같이 말한다.

"세계가 그대로 깨침이고 세계가 그대로 부처이다."

선진(仙眞)은 말한다.

"어떤 중생인들 깨침의 바탕을 타고나지 않은 중생이 있겠으며, 어떤
도리인들 깨침의 교화 아닌 도리가 있겠는가."

모든 곳에서 형체가 드러나고 모든 곳에서 자재하다. 깨침이 사람을
멀리하는 것이 아니라 사람이 스스로 깨침을 멀리한다. 자신이 곧 색
임을 돌이켜 관찰해면 색 가운데는 모름지기 진공(眞空)의 각성(覺性)이
있어서 갖가지 모습에 상응하여 드러나는데, 그것이야말로 곧 진공의
각성이 드러난 것이다.

영가현각은 말한다.

"허깨비 텅빈 몸뚱아리 그대로 법신이다 幻化空身卽法身

법신을 깨치고보면 본래부터 집착 없고 法覺卽了無一物

애초의 근원자리 성품이 곧 천진불이다 本源自性天眞佛"[142]

선진(僊眞)은 말한다.

"유형(有形)은 가상(假相)이다. 안으로 포함하고 있는 무상(無相)이야말로 진실한 형상이다."

돌(咄)!!

이 도리를 알겠는가.

복사꽃은 붉고 버들은 푸르며 매화꽃은 희다

이들은 동장군이 부린 조화로 성취된 것이다

허공이 조화를 부려 자연을 만들었기에 虛空造化自然工

산하와 대지는 본체가 혼융되어 있다네 大地山河體混融

곳곳마다 형체 드러나도 사람이 모르니 隨處現形人不識

자기가 주인공인 줄도 모르는 까닭이네 自家昧了主人公

空不異色

色空無<元?>一種[143] 世人自分別 道云 大方無隅 混然一體 釋云 總三千界 成一世界 儒云 登東山而小魯 登泰山而小天下 撒去蕃籬何彼何此 古云 賢聖常行平等智 不生分別相 三教賢聖亦是空 四生六道亦是空 上

---

142) 『永嘉玄覺證道歌』, (大正新脩大藏經48, p.395下)
143) 色空無一種이 제2본에는 空不異色者 枝分稍異 根本無別 色空元一種이다.

至仙佛 下至混蟲[144] 草木 各各元本總是空[145] 且大朴未散 陰陽未判 二儀未分 三才未立 有甚作[146] 我 元來皆一箇道理 因大朴散 天地合 三才成立 萬有滋生 直至如今 不能返本爲何 只因衆生執著 不知元來是空 迷己逐物 心生倒見 隨物流轉 不能歸一 機見不同 著色著空 隨[147] 色空二見 若人於此 廓然悟空 平等身心 內外無餘 不見空色 不被物使 不被境瞞 一槩平等 有何一[148]也 便得歸一 只這一也 是多了 重陽祖師云 抱元守一是功夫 地久天長一也無 古德云 萬法歸一一何歸 一歸之處要君知 且道 一歸何處 咦[149] 狗舐熱油鐺 理會麽[150]

人牛不見杳無踪 盡道空來不是空

一片白雲歸去也 惟留明月照玄穹

18. 공불이색(空不異色)

색과 공은 원래 동일하지만 세간의 사람들이 스스로 그렇게 분별할 뿐이다.

도교에서는 말한다.

"대우주[大方]에는 방위가 없이 혼연하여 일체(一體)이다."

불교에서는 말한다.

---

144) 混蟲이 제2본에는 蠢動이다.
145) 各各元本總是空이 제2본에는 箇箇元來是空이다.
146) 作이 제2본에는 你이다.
147) 隨가 제2본에는 없다.
148) 一이 제2본에는 二이므로 이에 따라서 번역한다.
149) 咦가 제2본에는 없다.
150) 理會麽가 제2본에는 없다.

"삼천대천세계를 총합하여 일세계가 성취된다."

유교에서는 말한다.

"동산에 올라보니 노나라가 좁고, 태산에 올라보니 천하가 좁다."

앞의 울타리를 제거해버리면 어떤 것이 이것이고 어떤 것이 저것인가.

고인은 말한다.

"현성은 늘상 평등지를 실천하고 분별상을 발생하지 않는다."

삼교의 현성도 또한 그대로 공이고, 사생과 육도도 또한 그대로 공이다. 위로는 부처님[仙佛]에 이르고 아래로는 갖가지 벌레와 초목에 이르기까지 각각 근원은 모두가 공이다."

또 大朴[摩訶]이 흩어지기 이전이고, 음양이 구별되기 이전이며, 천지가 나뉘기 이전이고, 삼재가 성립되기 이전인데, 무엇을 아(我)라 하겠는가. 이처럼 원래부터 모두 하나의 도리였지만 대박이 흩어짐으로써 천지가 합해지고, 삼재가 성립되었으며, 만유가 이로부터 발생하였다. 그러나 지금에 이르러서는 그것을 돌이킬 수가 없게 되었는데, 어째서 그런가.

다만 중생의 집착으로 인하여 그것이 원래 공인 줄을 모르고 자기에 미혹하여 외물을 좇아서 마음에 전도견해가 발생되었고, 외물을 따라서 유전하여 하나로 돌아갈 수가 없게 되어 기틀과 견해가 달라졌으며, 색에 집착하고 공에 집착하여 색과 공이라는 이견(二見)을 따르게 되었기 때문이다. 어떤 사람이 여기에서 확연하게 공을 깨친다면 평등한 몸과 마음은 안팎으로 완전하고 공과 색을 보지 않게 되어 외물에 얽매이지 않고 경계에 속지 않으며 한결같이 평등할 것인데, 어찌 분별[二]인들 있겠는가. 곧 하나로 돌아가면 그것은 단지 하나일 뿐이지만 또한 여럿이기도 하다.

중양조사는 말한다.

"근원[元]을 잡아서 하나를 지키는 것[151]이야말로 진정한 수행[工夫]이다. 하늘과 땅처럼 영원한 것은 그 어떤 것도 없다."

고덕은 말한다.

"만법은 하나로 돌아가는데 그 하나는 어디로 돌아가는가."

그대는 그 하나가 돌아가는 곳을 알고자 하는가.

자, 말해 보라. 그렇다면 그 하나는 어디로 돌아가는가.

이(咦)!!

강아지가 뜨거운 기름사탕을 핥아먹는구나.

이제 그 도리를 알겠는가.

객관과 주관이 모두 사라져 자취가 묘연하니 人牛不見杳無踪

모든 깨침이 공에서 오는데도 공은 아니라네 盡道空來不是空

푸른 하늘에 한조각 흰구름 어디로 돌아가고 一片白雲歸去也

밝은 달만 덩그러니 남아서 하늘을 비춰주네 惟留明月照玄穹

---

151) 抱元守一은 태극권에서 사용하는 용어로 마음이 차분하게 내부를 지키며 움직이는 가운데 고요함이 머문다는 뜻이다.

色卽是空

空在色中[152] 世人難見 眼是色 不能見物 只是眞空妙性能見 耳是色 不能聽
聲 只是眞空妙性能聽[153] 鼻是色 不能知香臭 只是眞空妙性能知[154] 舌是色
不能言語 只是眞空妙性能言[155] 身是色 不能覺觸 只是眞空妙性能覺觸 脚
是色 不能行走 只是眞空妙性能行走 手是色 不能拈掇 只是眞空妙性能拈
掇 且去眞空妙性 無眼能見 無耳能聞[156] 無鼻能嗅 無舌能言 無脚能行 無
手能拈[157] 意根有名無形 分爲八萬四千見聞知覺[158] 總歸六根 偏身互用 神
通妙用 古<人+?>云 通身是偏身是 道云 不須他處遠搜尋 十二時中遠偏
身 色空不異 妙理全彰 色可色非眞色 空可空非眞空 總歸大空[159] 且道 此
理如何 川老有云 有相有求皆是妄 無形無影墮偏枯 堂堂密密何曾間 一道
寒光爍太虛　道經[160]云 知空不空 知色不色 名爲照了 予今不免饒舌說破
若見一切有相境物 休敎染著 若到情忘念絶之處 休敎迷眞 著相則著有 迷
眞則落空 若不著空 不著有 方是了事底人 省麽 休得瞌睡惺惺著[161]
萬竅都因一竅通 一竅能納太虛空

---

152) 空在色中 앞에 제2본에는 色卽是空者 辯箇邪正之理也가 있다.
153) 聽이 제2본에는 聲이다.
154) 能知 뒤에 제2본에는 香臭가 있으므로 이에 따라서 번역한다.
155) 言 뒤에 제2본에는 語가 있다.
156) 聞 뒤에 제2본에는 聽이므로 이에 따라서 번역한다.
157) 拈이 제2본에는 掇이다.
158) 覺 뒤에 제2본에는 知가 있으므로 이에 따라서 번역한다.
159) 大空이 제2본에는 大道不是空이므로 이에 따라서 번역한다.
160) 經이 제2본에는 없다. 여기에서는 도교의 『太上洞玄靈寶昇玄消災護命妙經』을
　　가리킨다.
161) 若不著空不著有方是了事底人 省麽 休得瞌睡惺惺著이 제2본에는 方是了事底人이다.

若還拿住玄中竅 擺手皆歸大道中

19. 색즉시공(色即是空)

공은 색 가운데 있지만 세간의 사람들은 보지 못한다.

눈이 색이지만 사물을 볼 수가 없고, 단지 진공의 오묘한 자성만이 볼 수가 있다.

귀가 색이지만 소리를 들을 수가 없고, 단지 진공의 오묘한 자성만이 들을 수가 있다.

코가 색이지만 향취를 알 수가 없고, 단지 진공의 오묘한 자성만이 향취를 알 수가 있다.

혀가 색이지만 말을 할 수가 없고, 단지 진공의 오묘한 자성만이 말을 할 수가 있다.[162]

몸이 색이지만 촉감을 느낄 수가 없고, 단지 진공의 오묘한 자성만이 촉감을 느낄 수가 있다.

다리가 색이지만 걷고 달릴 수가 없고, 단지 진공의 오묘한 자성만이 걷고 달릴 수가 있다.

손이 색이지만 집고 주울 수가 없고, 단지 진공의 오묘한 자성만이 집고 주울 수가 있다.

그러므로 장차 진공의 오묘한 자성을 떠나서는 눈으로 볼 수가 없고, 귀로 들을 수가 없으며, 코로 냄새를 맡을 수가 없고, 혀로 말할 수가 없으며, 다리로 걸을 수가 없고, 손으로 집거나 주울 수가 없다. 그리

---

162) 혀[舌]를 미각기관이 아닌 말을 하는 기관으로 활용하고 있는 점이 주목된다.

고 의근은 명칭만 있고 형상이 없지만 나누면 팔만사천 가지의 보고 듣고 느끼고 아는[見聞覺知] 것이 된다. 그것은 모두 육근으로 돌아가는데, 온 몸에서 서로 작용하면서 신통과 묘용을 부린다.

그래서 고인은 말한다.

"몸 전체가 신통이고 몸 전체가 묘용이다."

도교에서는 말한다.

"결코 다른 먼 곳에서 찾으려 하지 말라. 하루종일 내 몸의 주변에 있다."

여기에 색과 공이 다르지 않는 오묘한 도리가 그대로 드러나 있다. 그러므로 색을 색이라 하면 진색이 아니고, 공을 공이라 하면 진공이 아니어서 모두 대공으로 돌아간다.

자, 말해 보라. 이것 곧 색즉시공은 무슨 도리인가.

야보도천은 말한다.

"형상이 있고 추구함이 있으면 모두가 허망이고　有相有求皆是妄

형체가 없고 형상이 없으면 불균형에 떨어진다　無形無影墮偏枯

당당하고 또한 밀밀한데 어찌 틈새가 있겠는가　堂堂密密何曾間

한 줄기 차가운 광명이 태허공에 번쩍번쩍하네　一道寒光爍太虛"[163]

도교의 경전에서는 말한다.

"공과 불공을 알고 지와 부지를 아는 것을 조료(照了)라고 말한다."

내가 이제 좀 더 자세하게 말하고자 한다. 만약 일체의 형상이 있는 경계의 사물을 보더라도 염착하지 말아야 하고, 만약 식정(識情)을 잊고

---

163) 야보의 게송 19.

망념을 단제한 경지에 도달하더라도 진리에 미혹하지 말아야 한다. 형상에 집착하는 것은 곧 유에 집착하는 것이고, 진리에 미혹하는 것은 곧 공에 떨어지는 것이다. 만약 공에 집착이 없고 유에 집착이 없으면 바야흐로 일대사를 끝마친 사람이다.

알겠는가. 멍청하게 졸지 말고 또록또록하게 깨어 있어라.

만 개의 구명은 모두 한 구명에 통하고	萬竅都因一竅通
하나의 구명은 태허공을 모두 수용한다	一竅能納太虛空
만약 현묘한 구명을 잡아 둘 수 있다면	若還拿住玄中竅
손을 흔들면서 모두가 대도로 돌아간다	擺手皆歸大道中

空卽是色

色在空外人被境瞞[164] 僊眞[165]云 道無萬彙 則不能顯 萬彙無道 則不能生 釋云 見色便見空 無色空不見 是以三敎聖賢 不見有色有空 色空雙泯 內外 無分別 如如常自然 光明洞耀 周徧沙界 世人則不然也 分內分外 論彼論此 著相分別 見種種相 隨聲逐色 迷眞不覺 出殼入殼 展轉不知 改頭換面 無 有了期 非干他事 是自尋得底 何不及早回頭自救 且道 怎生救得 咄[166] 放

---

164) 제2본에는 色在空外人被境瞞 앞에 空卽是色者 重重細說也가 있다.

165) 僊眞이 제2본에는 仙師이다.

166) 咄이 제2본에는 없다.

下從前惡水瓶[167] 棟著痛處便金鍼[168]

一槩均平有甚差 本來元是一人家

只因著在枝稍上 迷了從前太道芽

20. 공즉시색(空卽是色)

색은 공 밖에 있는데 사람들이 경계에 속는 것이다.

선진은 말한다.

"깨침은 만물이 없으면 곧 드러나지 못하고, 만물은 깨침이 없으면 곧 발생하지 않는다."

불교에서는 말한다.

"색을 보는 것은 곧 공을 보는 것이고, 색이 없으면 곧 공을 볼 수가 없다."

이로 보자면 삼교의 성인은 색이 따로 있고 공이 따로 있다고 보지 않는다. 곧 색과 공이 모두 없고, 안과 밖에 분별이 없어서, 여여하게 늘상 그러하게 광명이 온 우주의 항하사세계를 훤하게 비추어본다. 그럼에도 불구하고 세간의 사람들은 그렇지 못하여 안과 밖을 따로 나누고, 이것과 저것을 따로 논하며, 제상의 분별에 집착하고 갖가지 차별상을 보며, 소리를 따르고 색을 좇으며, 진리에 미혹하여 깨치지 못하고 이 껍질에서 나와 저 껍질로 들어가며, 전전(展轉)하면서도 그 사실

---

167) 甁이 제2본에는 鑵이다.
168) 鍼이 제2본에는 針이다.

을 모르고 얼굴과 머리를 바꾸면서도[169] 윤회를 벗어날 기약조차 없다. 그러므로 남의 일에 간섭하지 말고 곧 스스로 찾아야 한다. 그런데도 어째서 일찍이 머리를 돌이켜서 스스로 추구하려고 하지 않는가.

자, 말해 보라. 어찌하면 추구할 수가 있겠는가.

돌(咄)!!

종전의 썩은 물 담긴 물병은 놓아버리고

아픈 곳 찾아내어 그곳에 금침을 놓거라

모든 것이 균등한데 무슨 차별이 있으랴　一槩均平有甚差

본래부터 같은 한 사람의 집일 뿐이었다　本來元是一人家

단지 나뭇가지의 끝 부분에 집착을 하여　只因著在枝稍上

종전 대도의 싹에 전혀 미혹했을 뿐이네　迷了從前太道芽

受想行識

因眼見[170] 故受色 因受色 心有思想 因思想 念行 因念行 有識解 有六根 因 六根 生六塵 一識便有四大五蘊 有此五蘊色身 便明[171]著相分別 隨聲逐色 憎愛憂恐 從玆而起 以致流浪生死 而無停息 若要生死斷 輪迴止 但從起處 一根照破 令四大五蘊淨盡 廓然無我 當下空寂 直下承當 空劫已前自己

---

169) 얼굴과 머리를 바꾼다는 것은 새로운 몸을 받으면서 윤회하는 것을 가리킨다.

170) 因眼見 앞에 제2본에는 貪心不了之意가 있다.

171) 明이 제2본에는 없으므로 이에 따라서 번역한다.

[○] 寂而常照 照而常寂 太上云 寂無所寂 慾豈長¹⁷²⁾生 慾旣不生 卽是眞靜 又云 唯見於空 觀空亦空 空無所空 所空旣無 無無亦無 無無旣無 湛然常寂 釋云 人亦空 法亦空 二相本來同 且道 人法俱空 必竟何處住[○] 諸境萬緣留不住 混然隱在太虛空

眼界牽連衆界忙 不見可欲萬緣忘

忘無可忘全身出 便見靈山大法王

21. 수상행식(受想行識)

눈으로 봄을 인한 까닭에 색을 받아들이고, 색을 수용함을 인하여 마음에 분별생각[思想]이 있으며, 분별생각을 인하여 집중사유[念]가 작용하고, 집중사유의 작용을 인하여 識解가 있다. 육근이 있으므로 육근을 인하여 육진이 발생하고, 각 식(識)마다 곧 사대와 오온이 있으며, 그 오온의 색신이 있으므로 곧 형상의 분별에 집착하고, 소리와 색을 좇아서 미움과 사랑과 근심과 공포가 그로부터 일어나며, 그 결과 생과 사에 유랑하면서 그치지 못한다.

그러나 만약 생과 사를 단제하여 윤회를 그치고자 한다면, 무릇 그것이 일어나는 각 근(根)을 비추어보고 사대와 오온을 완전히 없앰으로써 무아가 되게 해야만, 당장에 공적하여 바로 공겁이전의 자기[○]를 이해하게 되어, 고요하면서도 늘상 비추고 비추면서도 늘상 고요하다.

태상은 말한다.

"고요하면서 또 고요가 없는데   寂無所寂

---

172) 長이 제2본에는 能이므로 이에 따라서 번역한다.

욕망인들 또 어찌 발생하리요　慾豈長生
이미 욕망이 발생하지 않으면　慾旣不生
그것이 바로 진정한 고요라네　卽是眞靜”
　또 말한다.
“오로지 공만을 본다고 하지만　唯見於空
　공을 관찰함도 또한 공이라네　觀空亦空
　능공이 소공이 되지 아니하듯　空無所空
　소공이라는 것도 이미 없다네　所空旣無
　무 또한 무 되는 경우 없듯이　無無亦無
　기무가 다시 무 되는 법 없어　無無旣無
　곧 담연하고 늘상 공적하다네　湛然常寂”
　불교에서는 말한다.
“인상(人相)도 또한 공하고 법상(法相)도 또한 공하여 두 가지 상이 본래
　부터 공하다네”
　자, 말해 보라. 인상[주관]과 법상[객관]이 모두 공하면 필경에 어디에
머문단 말인가. [○]
　제경과 만유가 머물러 주함이 없으니
　혼재하여 태허공 가운데 숨어 있다네

안계에 끌려나온 까닭에 온갖 세계가 분망하니　眼界牽連衆界忙
욕망을 보지 않는다면 갖가지 반연을 잊는다네　不見可欲萬緣忘
다 잊어서 잊을 것 없어져야 온 몸이 출현하면　忘無可忘全身出
문득 영산화상의 대법왕을 친견할 수가 있다네　便見靈山大法王

亦復如是

旣無我則萬法皆無[173] 復歸於空 便得返本還元也 佛家喚作萬法歸一 道家
喚作復命歸根 儒家喚作復遂[174]元初天理 到這裡 言語道斷 心行處滅 若動
念卽乖 張安排卽不是 所以 川老云 退後退後看看 頑石動也 理會得麼 咄
休得胡走 動著三十棒
一念纔興相便成 述眞逐妄昧歸程
若能放下空無物 穩向如來藏裡行

22. 역부여시(亦復如是)

이미 무아인 즉 만법이 모두 무로서 다시 공으로 돌아간다. 곧 근본
을 돌이켜서 근원으로 돌아가는 것인데, 불가에서는 만법이 하나[一]로
돌아간다고 말하고, 도가에서는 명(命)으로 돌아가고 근(根)으로 돌아간
다고 말하며, 유가에서는 마침내 원초의 천리로 돌아간다[復遂]고 말한
다. 그 경지에 도달하면 언어로 말할 수가 없고 마음도 둘 곳이 없어지
고 만다. 그래서 만약 망념을 일으킨 즉 어그러져버리고, 무어라 안배
하려해도 옳지 않다.

때문에 야보도천은 말한다.

"뒤로 한 걸음 물러나서 잘 보라. 바위가 움직인다."[175]

이런 도리를 알겠는가.

---

173) 旣無我則萬法皆無 앞에 제2본에는 是還元義가 있다.
174) 遂가 제2본에는 還이다.
175) 야보의 게송37.

돌(咄)!!

함부로 나대서는 안 된다

움직이면 삼십 방 맞는다

찰나라도 움직이면 곧장 분별상이 성취되고	一念纔興相便成
허망 따라 진실하다 말하면 길을 잃고 만다	逃眞逐妄昧歸程
만약 모두 놓아버려 일물도 없는 공이 되면	若能放下空無物
안온하게 여래장의 도리를 실천하게 되리라	穩向如來藏裡行

舍利子

當面不識[176] 火不能燒 水不能溺 箭不能傷 刀不能劈 風不能飄 日不能炙
雨不能洒 描畫不出 毒藥不能害 惡蟲不能螫 只因行走路頭差 所以失却
波羅蜜 見舍利子麼 亘古到今 不曾改變 只是來往 賃屋居住 或時朱樓畫
閣 或時草舍茅堂 或時金屛朱戶 或時破廟窯龕 省得麼 川老云 雲起南山
雨北山 馬名驢子幾多般 請看浩渺無情水 幾處隨方幾處圓 若要不來不
去 須得諸漏已盡 以歸寂滅 如此者 未[177] 出三界外 天地不能拘 作箇物外
閑人 會麼[178] 向前不如退步 紐揑不如自然[179]

自家房内主人公 同居共住不知踪

---

176) 當面不識 앞에 제2본에는 是本性이 있다.
177) 未가 제2본에는 永이므로 이에 따라서 번역한다.
178) 會麼 앞에 제2본에는 ○이 있으므로 이에 따라서 번역한다.
179) 紐揑不如自然이 제2본에는 없다.

若能退步回頭望 物物頭頭總得逢

23. 사리자(舍利子)

당면의 경지는 불이 태울 수가 없고, 물이 잠기게 할 수도 없으며, 화살이 상처낼 수도 없고, 칼이 쪼갤 수도 없으며, 바람이 흔들지도 못하고, 태양이 그을리지도 못하며, 비가 적실 수도 없고, 그림으로 묘사할 수도 없으며, 독약으로 해꼬지할 수도 없고, 독충[惡蟲]이 물지도 못한다. 단지 걷고 달리기만 해도 길에서 어긋나버리고 마는 까닭에 바라밀을 잃어버리고 만다.

그런데 저 사리자를 보았는가. 예로부터 오늘에 이르기까지 일찍이 개변된 적이 없이, 단지 왕래하면서 집을 빌려서 거주하기도 하고, 어떤 때는 화려하고 그림과 같은 집에서 거주하기도 하며, 어떤 때는 초가와 띠풀 집에서 살기고 하고, 어떤 때는 궁궐 같은 저택에서 살기도 하며, 어떤 때는 폐허가 된 무덤이나 감실에서 살기도 하였다.

알겠는가.

야보도천은 말한다.

"남산에서 구름이 일어나니 북산에서는 비가 내린다네

雲起南山雨北山

망아지의 이름과 당나귀의 몸 받아 몇 생을 살았던가

馬名驢子幾多般

그대한테 간곡히 청하건대 드넓은 무정수를 살펴보라

請看浩渺無情水[180]

어떤 곳에선 곧 각이 지고 어떤 곳에선 둥글둥글하네

幾處隨方幾處圓"[181]

　만약 오고가는 윤회를 하지 않으려면 모름지기 모든 번뇌가 다해야만 적멸로 돌아갈 수가 있다. 이와 같은 사람은 삼계를 벗어날 수 있으므로 하늘과 땅도 구속하지 못하고, 일체를 벗어난 한도인이 될 것이다.

　알겠는가.

　앞으로 나아가는 것이 물러나는 것만 못하고

　억지로 쥐어짜는 것이 놔두는 것만 못하다네

자기집 안에서 거주하는 주인공과	自家房內主人公
함께 살면서도 종적조차 모른다네	同居共住不知踪
만약 물러나서 고개를 돌려본다면	若能退步回頭望
두두 물물에서 거시기를 만난다네	物物頭頭總得逢

是諸法空相

諸法皆空[182] 本非實際　仙眞云 法本無法 形本非形 有形終是假 無相是眞人　金剛經云 法尚應捨 何況非法 又云 一切有相[183] 皆是虛妄 若見諸相非

---

180) 드넓은 무정수는 망망대해와 같은 불법을 비유한 말이다.
181) 야보의 계송25.
182) 諸法皆空 앞에 제2본에는 破邪顯正이 있다.
183) 一切有相이 『金剛經』의 경문에서는 凡所有相이다.

相卽見如來 從上諸師一味談空者 只爲衆生直下是空 擔負不行 起種種假
名 引導有情無情 皆歸空寂 得返本原[184] 若信未及 但去靜坐反照 照見五蘊
實無所有 自然忘形忘體 得其人空 旣得人空 如病安去藥 其法亦空 人法俱
空 自然休去歇去 經云 我身本不有 憎愛何由生 旣得忘形忘體 有甚念慮
可牽 到這地面 自然放下 無仙佛可做 無生死可斷 無脩無證 若更有絲毫可
脩可證 則墮生死界 永劫受沉淪 若能徹底脫洒 無所依倚 不落有無二邊 如
虛空獨立 直下承當 空劫已前[○] 圓陀陀 光爍爍底 有何不可 會麼 乾坤
兩朵海中蓮 一切衆生虛出沒
人法皆空心自休 也無歡喜也無愁
風平浪靜雲歸去 月照寒江一色秋

24. 시제법공상(是諸法空相)

제법은 모두 공하여 본래 실제가 없다.

선진은 말한다.

"제법에는 본래 존재가 없고 형체도 본래 형체가 아니다. 형체가 있으
면 끝내 가유이고 분별상이 없어야 진인이라네."

『금강경』에서는 말한다.

"깨침조차도 오히려 버려야 한다. 하물며 깨침 아닌 것이겠는가."

또 말한다.

"일체의 형상은 모두가 곧 허망하다. 만약 모든 형상은 진상이 아닌 줄
안다면 곧 여래를 볼 것이다."

---

184) 原이 제2본에는 源이므로 이에 따라서 번역한다.

종상의 모든 조사들은 한결같이 공을 말하였다. 그러나 단지 중생의 경우에는 곧바로 그 공을 감당하여 실천할 수가 없으므로 갖가지 가명을 일으켜서 유정과 무정을 인도하여 모두 공적으로 돌아가 본원(本源)으로 돌아가게끔 한 것이다. 만약 그것을 믿지 못하겠거든 무릇 고요하게 앉아서 반조해 보라. 오온은 진실로 실체로 존재하지 않은 줄을 조견한다면 자연히 내 신체[形·體]를 잊고 그 인공(人空)을 터득한다. 인공을 터득하고나면 마치 병이 나으면 약을 없애듯이 그 법조차도 또한 공하게 된다. 人과 法이 모두 공해지면 자연히 번뇌가 그친다.

『원각경』에서는 말한다.

"내 육신조차 본래부터 없는데

증오와 애착이 어디서 생기랴"[185]

이미 내 몸을 잊었는데 염려하고 구속될 것이 뭐가 있겠는가. 그와 같은 경지에 도달하면 자연히 일체를 놓아버리게 되어, 부처님[仙佛]도 될 것이 없고, 단제해야 할 생과 사도 없으며, 수행도 없고 깨침도 없다. 만약 다시 털끝만치라도 수행할 것이 남아있고 깨칠 것이 남아있다면 그것은 곧 생과 사의 경계에 떨어져서 영겁토록 윤회에 빠지게 된다. 그러나 만약 철저하게 벗어난다면 의지하거나 기댈 것이 없어서 유와 무의 양변에 떨어지지 않아서 마치 허공처럼 독립하여, 곧바로 공겁이전[○]의 경지가 빠짐없이 원만하고[圓陀陀], 반짝반짝 빛나는[光爍爍] 도리를 이해하게 되는데, 그것이 어찌 불가능하겠는가.

알겠는가.

---

185) 『大方廣圓覺修多羅了義經』, (大正新脩大藏經17, p.920上)

바다에 핀 하늘과 땅의 두 꽃송이로
일체중생이 허망하게 나고 죽는다네

인과 법 모두 공하니 한가한 마음이여	人法皆空心自休
환희할 것도 또한 근심할 것도 없다네	也無歡喜也無愁
바람 멎고 파도 그치며 구름 돌아가니	風平浪靜雲歸去
찬 강물의 달빛 가을과 똑같은 색이네	月照寒江一色秋

不生不滅

有成有壞是事相[186] 不生不滅[187]是理性 此直言直說 衆生具足法身 眞空妙
性 亘古今 不曾生 不曾滅 不變不移 無來無去 無舊無新 巍巍如是 大[188]上
云 寂兮寥兮 獨立而不改 周行而不殆 又云 寂然不動 感而遂通 四大五蘊
任他虛生虛沒 於自己法身 總無交涉 且道 旣無交涉 如何步步不離 古德云
和光塵不染 三界獨爲尊 川老又云 得優游處且優游 雲自高飛水自流 只見
黑風飜大浪 未聞沉却釣魚舟 如是者 且道 有交涉也無交涉 若得五蘊皆空
有甚離與不離 理會得麼 水流常不住 靑山鎭日閑[189]

任他四大往來奔 雲來雲去鎭常存
竹影掃堦塵不起 月穿潭底水無痕

---

186) 有成有壞是事相이 제2본에는 없다.
187) 滅 뒤에 제2본에는 者가 있다.
188) 大가 제2본에는 太이므로 이에 따라서 번역한다.
189) 靑山鎭日閑 뒤에 제2본에는 眞空一段理 無爲得自然이 있다.

25. 불생불멸(不生不滅)

성상이 있고 괴상도 있는 것은 현상계의 모습[事相]이고, 발생이 없고 소멸도 없는 진여도리의 자성[理性]이라는 것은 직언이고 직설이다. 중생은 법신의 진공묘성(眞空妙性)을 구족하여, 옛적부터 지금에 이르도록 일찍이 발생한 적도 없고 소멸된 적도 없으며, 변화도 없고 추이도 없으며, 가는 것도 없고 오는 것도 없으며, 오래됨도 없고 새로움도 없으며, 그런 모습으로 우뚝하게 드러나 있다.

태상노군은 말한다.

"고요하고 텅 비었구나. 이에 오직 독립하여 자존하면서도 변함이 없고, 모든 것에 두루 미치면서도 다함이 없다."

또 말한다.

"마음의 본체는 고요하여 움직임이 없으되 마음의 작용은 감응하여 널리 통한다."

사대와 오온은 제멋대로 부질없이 발생했다가 부질없이 사라지지만 자기의 본래법신은 그런 것과는 아무런 상관이 없다. 자, 말해 보라. 이미 아무런 상관이 없다면 어째서 걸음걸음마다 그것에서 벗어나 있지 않는가.

고덕은 말한다.

"속세와 어울려도 물들지 않고 삼계에 우뚝 솟아 있다."

야보도천은 또 말한다.

"한가롭게 노니는 곳에서 또 한가하게 놀자니   得優游處且優游
구름은 드높이 날고 물은 저절로 흘러간다네   雲自高飛水自流
단지 흑풍이 불어와서 큰 물결 일으키더라도   只見黑風飜大浪

고깃배 뒤엎었다는 말을 들어본 적이 없다네   未聞沉却釣魚舟"[190]

이러한 상황에서 자, 말해 보라. 아무런 상관이 없는가, 아니면 상관이 있는가.

만약 오온이 모두 공한 줄 터득했다면 본래법신을 벗어나 있건 벗어나 있지 않건 간에 무슨 상관이 있겠는가. 이러한 도리를 알겠는가.

흐르는 물은 늘상 멈추지 않는데
청산은 온종일 한가롭기 짝 없네

저 사대가 분주하게 오고 가게 내버려두니   任他四大往來奔
구름은 무심히 오고 가면서 늘상 그대로네   雲來雲去鎭常存
대나무 그림자 마당 쓸어도 먼지나지 않고   竹影掃堦塵不起
달빛이 연못바닥 비추어도 흔적 남지 않네   月穿潭底水無痕

不垢不淨

亦說衆生本來淸淨法身 無名無相[191] 無痕無瑕 無染無活 不長不短 不方不圓 壞不得 燒不得如虛空 似蓮華不著水也 不垢穢 亦不淨潔 常劫如然 如水中月 要見麼 隨處放光 幾人能得見[192]

淸淨無瑕一法身 如蓮出水不沾塵

---

190) 야보의 게송108.
191) 無名無相 앞에 제2본에는 佛人凡聖古今僧俗男女 生死垢淨 增減成敗 邪正善惡 來去好歹 明暗有無 東西南北 上下裏外 這些都不住가 있다.
192) 幾人能得見 뒤에 제2본에는 若肯信心者 晝夜常出現의 대목이 있다.

分身應現千江水 千月還同一月眞

26. 불구부정(不垢不淨)

또한 중생의 본래청정한 법신에 대하여 말하자면 명칭도 없고 형상도 없으며, 흔적도 없고 티도 없으며, 물듦도 없고 더러움도 없으며, 길지도 않고 짧지도 않으며, 모나지도 않고 둥글지도 않으며, 무너지지도 않고 불에 타지도 않음은 허공과 같고, 마치 연꽃에 물이 묻지 않는 것과 같아서 더럽지도 않고 또한 정결하지도 않으며, 영겁토록 그와 같으니 마치 물에 비친 달빛과 같다.

그런 모습을 보고자 하는가.

가는 곳마다 빛을 내는데

몇 명이나 그것을 보는가

티가 없이 청정한 하나의 본래 법신이여　清淨無瑕一法身
물에 피는 연꽃처럼 먼지에 물들지 않네　如蓮出水不沾塵
몸을 나누어 천 개 강물에 나타나더라도　分身應現千江水
천 개의 달빛은 본래의 달과 동일하다네　千月還同一月眞

不增不減

謂混沌虛空之體 迢迢空劫之身 如何增得 如何減得也[193] 害不得也益不

---

193) 也가 제2본에는 없다.

得¹⁹⁴⁾ 道云 在聖而不餘 在凡而不欠 釋云 如如自然 無欠無餘 又云 經歷劫
而不壞 至亘古而不遷 古德云¹⁹⁵⁾ 體似虛空沒崖崖¹⁹⁶⁾ 上乘菩薩信無疑 中下
聞之必生怪 且道 因何如是 呵呵 自家繩子短 倒怨井水深 正是自家味¹⁹⁷⁾ 了
咄 靈山會上曾相識 今日因何不認人¹⁹⁸⁾

法身與色身 不必論疎親

皆賴東君力 華柳一般春

27. 부증불감(不增不減)

소위 혼돈상태였을 때 허공의 본체는 아득한 공겁의 법신인데 어떻
게 늘어남이 있고 줄어듦이 있겠는가. 그러므로 해를 끼칠 수도 없고
이익을 줄 수도 없다.

도교에서는 말한다.

"성인에게 있다고 해서 남는 것이 아니고, 범부에게 있다고 해서 모자
라는 것이 아니다."

불교에서는 말한다.

"여여하고 그대로여서 모자람도 없고 남음도 없다."

또한 말한다.

---

194) 害不得也益不得이 제2본에는 없다.
195) 古德云이 제2본에는 永嘉云이다.
196) 崖가 제2본에는 岸이므로 이에 따라서 번역한다. 『永嘉證道歌』, (大正新脩大藏經48,
    p.396中) "體若虛空勿涯岸" 대목 참조.
197) 味가 제2본에는 昧이므로 이에 따라서 번역한다.
198) 正是自家昧了 咄 靈山會上曾相識今日因何不認人이 제2본에는 靈山會上曾相識
    今日因何不認人 正是自家昧了 不知不覺이다.

"역겁이 지나더라도 무너지지 않고, 옛적에 이르더라도 변함이 없다."

고덕은 말한다.

"바탕은 허공법계와 같아서 한계가 없네"

최상승근기의 보살은 이 말을 들어도 의심이 없지만 중·하근기의 사람이 들으면 반드시 의아하게 생각한다.

자, 말해 보라. 어째서 그러한가.

하하하!!

자기가 지니고 있는 동아줄은 짧은데 무너뜨려야 하는 원수의 우물은 깊기만 하구나. 그것은 바로 자신이 어리석기 때문이다.

돌(咄)!!

과거전생에 영산회상에서 아는 사이였는데

오늘은 어찌 저 사람을 알아보지 못하는가

법신이 무엇이고 또 색신이 무엇인지	法身與色身
생소함과 친밀함을 논할 필요가 없네	不必論疎親
모두가 봄바람의 힘을 의지한 까닭에	皆賴東君力
꽃과 버드나무 똑같이 봄을 맞이하네	華柳一般春

是故空中

妙法眞空 不生不滅 無垢無淨 增不得 減不得 淸淨本然 古今不改 萬劫常

存 刀割不斷 箭射不穿 繩繫不住 火燒不燃 雨洒不濕[199] 推擁不偏 擊之不
痛 捉之難拈 因何如是 物不礙虛空 虛空不礙物也 仙眞云 眞空不掛物 大
道不沾塵 川老云 虛空不閡絲毫念<礙絲頭念?> 所以彰名大覺仙 文始眞
經云 天地雖大 不能芽空中之核 陰陽雖妙 不能卵無雄之雌 且道天地因何
不能生發 陰陽其生不能造化 空中之物不能生芽者 不沾地土 不著境界也
無雄之卵 不能造化者 內空無物也 省得麽 內外徹底空 鬼神拿不著[200]

眞空元不立纖塵 纔有微塵便不眞

泥水布衫都脫下 分明便見裡頭人

28. 시고공중(是故空中)

　묘법으로서 진공은 발생도 없고 소멸도 없으며, 더러움도 없고 깨끗
함도 없으며, 증가하지도 않고 감소하지도 않으며, 그 청정한 본연은
옛날이나 지금에도 변함이 없이 만겁토록 그대로 존재한다. 또한 칼로
베어도 단절되지 않고, 화살로 쏘아도 뚫리지 않으며, 줄로 묶어두어
도 머물러 있지 않고, 불로 태워도 타지 않으며, 비로 뿌려도 젖지 않
고, 밀거나 당겨도 치우치지 않으며, 때려도 아파하지 않고, 잡으려 해
도 잡을 수가 없다.

　무엇 때문에 그러한가. 사물은 허공을 장애하지 않고 허공은 사물을
장애하지 않는다.

---

199) 雨洒不濕 뒤에 제2본에는 日炙不熱이 있다.
200) 文始眞經云 天地雖大 不能芽空中之核 陰陽雖妙 不能卵無雄之雌 且道天地因何不能生發
　　陰陽其生不能造化 空中之物不能生芽者 不沾地土 不著境界也 無雄之卵 不能造化者
　　內空無物也 省得麽 內外徹底空 鬼神拿不著라는 대목이 제2본에는 없다.

선진은 말한다.

"진공은 사물에 걸림이 없고, 대도는 티끌에 점령당하지 않는다."

야보도천은 말한다.

"허공은 털끝만큼의 망념도 거림이 없다네 虛空不礙絲頭念

이에 그것을 현창하여 대각선이라 말하네 所以彰名大覺仙"[201]

관윤자(關尹子)의 『문시진경』에서는 말한다.

"비록 천지가 광대하지만 허공에서는 씨앗을 싹틔우지 못하고, 비록 음양이 오묘하지만 수탉이 없이는 암탉이 알을 까지 못한다."

자, 말해 보라. 무슨 까닭에 천지는 씨앗을 발아시키지 못하고, 음양은 그 발생에 있어서 조화를 부리지 못하는가. 허공의 씨앗이 발아하지 못하는 것은 땅에 붙박지 못하여 천지의 인연[境界]에 닿지 못하기 때문이며, 수탉이 없이 알을 까는 조화를 부리지 못하는 것은 안으로 텅 비어 수정[사물]이 되지 않기 때문이다.

알겠는가.

안과 밖이 철저하게 공하면

귀신도 그것을 잡지 못한다

진공은 원래 미세한 티끌도 용납하지 않으니	眞空元不立纖塵
미세한 티끌조차 있다면 곧 진공이 아니라네	纔有微塵便不眞
진흙탕에 젖은 삼베 적삼을 모두 벗어버리면	泥水布衫都脫下
그 가운데 사람모습을 분명하게 보게 된다네	分明便見裡頭人

---

201) 야보의 게송16.

無色無受想行識

旣是空中有甚五蘊積習[202] 虛空之體 安色不受色 安聲不受聲 安受不受受

安想不受想 安行不受行 安識不受識 六道四生一切假名[203]假相 都無納受

淸虛妙道纖塵不立 必竟無形 行如鳥道 坐若太虛 且道 如何謂之鳥道太虛

咦 鳥道雖行而不見跡 眞空雖露而不見相 會麽

五蘊俱無便見空 何須他覓主人公

旣得水淸魚自見 頭頭不昧有神通

29. 무색무수상행식(無色無受想行識)

이미 공일진댄 그 가운데 어찌 오랫동안 쌓인 오온이 있겠는가. 허공
의 본체에는 색(色)을 두어도 색(色)을 받아들이지 않고, 성(聲)을 두어도
성(聲)을 받아들이지 않으며, 수(受)를 두어도 수(受)를 받아들이지 않고,
상(想)을 두어도 상(想)을 받아들이지 않으며, 식(識)을 두어도 식(識)을
받아들이지 않는다. 사생과 육도의 세계는 일체가 가명(假名)이고 가상
(假相)으로서 어떤 것도 받아들임이 없다. 청허하고 오묘한 깨침에는 티
끌 하나 존재하지 못하고 필경에 형체도 없다. 그것은 마치 걷되 새가
날아다니는 길과 같고 앉아있되 태허와 같다.

자, 말해 보라. 무엇을 가리켜 조도(鳥道)라 하고 태허(太虛)라 하는가.
咦!!

조도는 지나가되 그 흔적을 볼 수가 없고

---

202) 旣是空中有甚五蘊積習 앞에 제2본에는 表說前因也가 있다.
203) 名假이 제2본에는 없다.

진공은 드러나도 그 모습을 볼 수가 없다
  알겠는가.

오온이 아예 없으면 곧 공이 보이는데　五蘊俱無便見空
어찌 다른 곳에서 주인공을 따로 찾나　何須他覓主人公
물이 맑으면 곧 물고기 저절로 모이고　旣得水淸魚自見
일체에 어둡지 않으면 곧 신통이 있네　頭頭不昧有神通

無眼耳鼻舌身意

且道[204] 無眼耳鼻舌身意 是箇甚麽 休呆[205] 看蹉過了 予今明說 有此六根是
色身 無此六識名法相 如此之者 只是數[206] 脩行人 眼雖看 不要著在色上 耳
雖聽 不要著在聲上 鼻雖嗅 不要著在香臭上 舌雖嘗 不要著在滋[207]味上 雖
有身體 休要著在相上 須要忘形忘體 意雖應事 不要著在境物上 要應[208]應
常靜 道云 眼不觀色 耳不聽聲 舌不耽味 鼻不嗅香 身不妄動 意不狂亂
儒云 非禮勿視 非禮勿聽 非禮勿言 非禮勿動 便是無眼耳鼻舌身意也 亦是
六根淸淨 便是六塵不染 又是六識皆空 總而言之 十八界靜也 又名六耗消
亡六賊死 一眞不動六門關 總而言之 十八獄空也 斷也 若此則天堂近也 便

---

204) 且道 앞에 제2본에는 說本性無形相也가 있다.
205) 呆가 제2본에는 得이다.
206) 數가 제2본에는 敎이므로 이에 따라서 번역한다.
207) 滋가 제2본에는 없다.
208) 應이 제2본에는 常이므로 이에 따라서 번역한다.

見本來法身 要見本來法身麼 在眼曰見 在耳曰聞 在鼻曰臭[209] 在舌談論 在手拈掇 在足運奔 全體起用 全體法身 非是六根四大五蘊[210] 見聞知覺 切忌[211] 休認四大六根爲己 金剛經云 凡所有相皆是虛妄 道云 悟者忘念歸眞 迷者著相失本 盡是假名引導 眾生不可知得便了 須是親見法身 若得親見 轉凡成聖 若聽人言說 或文字上知解 如畫餅充饑 似說酒止渴 終不濟事 虛實云 華藥欄莫顢頇 星在秤弓[212] 不在盤 重陽祖師云 休敎錯認定盤星 且道此句如何說 謂盤只可等物 知輕別重者 皆在星上 祖師又恐人錯認定盤星 討準定盤星 是死物[213] 不知輕重 是以休敎錯認定盤星 一般都是星 有用得著底 有用不著底 此皆喻法 精細審察 休執著一邊 且道 此理如何 眞性與識性 眞神與識神 一般同住止 一假一成眞 牢著眼 鷥鷥藏雪内飛起却纏知[214]

六箇門頭一箇關 五門不必更遮欄

從他世事紛紛亂 堂上家尊鎭日安

30. 무안이비설신의(無眼耳鼻舌身意)

자, 말해 보라. 안·이·비·설·신·의가 없다는 것은 무슨 뜻인가. 어리석게도 잘못 보아 어그러져서는 안된다. 내가 이제 자세하게 설명

---

209) 臭가 제2본에는 嗅이므로 이에 따라서 번역한다.
210) 五蘊이 제2본에는 없다.
211) 切忌가 제2본에는 없다.
212) 弓이 제2본에는 없으므로 이에 따라서 번역한다.
213) 是死物 앞에 제2본에는 定盤星也가 있다.
214) 牢著眼 鷥鷥藏雪内飛起却纏知가 제2본에는 없다.

하겠다.

이 육근이 있는 것은 색신이고, 이 육식이 없는 것은 법상이다. 이러한 것은 단지 수행인에게 가르치는 것일 뿐이다. 그래서 눈으로 색을 보더라도 색에 집착해서는 안되고, 귀로 소리를 듣더라도 소리에 집착해서는 안되며, 코로 냄새를 맡더라도 향취에 집착해서는 안되고, 혀로 맛을 보더라도 맛에 집착해서는 안되며, 신체가 있더라도 형상에 집착하지 않아서 모름지기 형(形)을 잊고 체(體)를 잊어야 하고, 뜻이 현상에 상응하더라도 경계의 사물에 집착해서는 안된다. 요컨대 항상 상응하되 항상 고요해야 한다.

도교에서는 말한다.

"눈이 색을 보는 것이 아니고, 귀가 소리를 듣는 것이 아니며, 혀가 맛을 보는 것이 아니고, 코가 냄새를 맡는 것이 아니며, 몸이 망동하는 것이 아니고, 뜻이 광란하는 것이 아니다."

유교에서는 말한다.

"예가 아니면 보지 말고, 예가 아니면 듣지 말며, 예가 아니면 말하지 말고, 예가 아니면 행동하지 말라."

곧 이러한 것들이야말로 안·이·비·설·신·의가 없다는 것이다. 또한 육근이 청정하다는 것은 곧 육진에 물들지 않는다는 것이고, 또한 육식이 다 공하다는 것을 총체적으로 말하면 18계가 고요한 것이다. 또한 여섯 가지의 작용[六耗]이 소멸해 없어지고 여섯 가지의 감각[六賊]이 죽으며 하나의 진여가 움직이지 않고 여섯 문이 닫히는 것을 총체적으로 말하면 18지옥이 공하여 단절된 것이다. 만약 이렇게 된다면 천당이 가까워져서 곧 본래법신을 볼 것이다.

요컨대 본래법신을 보고자 하는가. 본래법신이 눈에 있으면 본다고 말하고, 귀에 있으면 듣는다고 말하며, 코에 있으면 냄새를 맡는다고 말하고, 혀에 있으면 담론한다고 말하며, 손에 있으면 잡고 주운다고 말하고, 발에 있으면 움직여 달아난다고 말하며, 온 몸에서 작용을 일으키면 온 몸이 법신이다. 그러나 육근과 사대와 오온이 보고 들으며 알고 느끼는 것은 아니므로 결코 사대와 육근을 자기라고 착각해서는 안된다.

『금강경』에서 말한다.

"일체의 형상은 모두가 곧 허망하다."[215]

도교에서는 말한다.

"깨친 사람은 망념을 잊고 진리에 돌아가고, 미혹한 사람은 형상에 집착하여 근본을 상실한다."

이러한 경우는 모두 가명(假名)에 이끌리는 경우로서 중생이 잘 이해하지 못한 것이다. 그러므로 모름지기 몸소 법신을 보아야 한다. 만약 몸소 법신을 본다면 범부가 바뀌어 성인이 된다. 그와는 달리 만약 남의 언설을 듣고 혹 문자를 통해서 아는 경우라면 그림의 떡으로 주린 배를 채우려는 것과 같고 술이라는 말로 갈증을 달래려는 것과 같아서 끝내 문제를 해결하지 못한다.

허실(虛實)은 말한다.

"화려한 꽃울타리를 보고 어리석게도 속아 넘어가지 말라. 저울 눈금은 저울대에 있는 것이지 저울 쟁반에 있는 것이 아니다."

---

215) 『金剛般若波羅蜜經』, (大正新脩大藏經8, p.749上)

중양조사는 말한다.

"정반성[216]을 잘못 이해하지 말라."

자, 말해 보라. 이 구절은 무엇을 말한 것인가. 소위 저울 쟁반은 어떤 물건이나 평등하다. 그 가볍고 무거움을 아는 것은 모두 저울 눈금에 달려있을 뿐이다. 중양조사는 정반성을 잘못 이해하지 않을까 염려한 것이다. 정반성을 가지고 말하자면 그 자체는 죽은 물건으로서 가볍고 무거움을 모른다. 그러므로 정반성을 잘못 이해하지 말라고 했던 것이다. 일반적으로 모두가 저울 눈금을 사용하는데 있어서 잘 사용할 수도 있고 잘못 사용할 수도 있다. 이것은 모두 불법을 비유한 것이므로 정밀하고 자세하게 살펴야지 어느 한 쪽에만 집착해서는 안된다.

자, 말해 보라. 그와 같은 도리란 과연 무엇인가.

진실한 자성과 분별하는 마음 그리고
진실한 정신과 분별하는 정신은 모두
동일한 상황 가운데 머물러 존재한다
하나가 거짓이면 또 하나는 진실이다
어디 한 번 과감하게 살펴보라.
흰 해오라기 본래부터 눈 속에 서 있었는데
그 자리 떠나니 비로소 해오라기인 줄 아네

여섯 개의 문 가운데 한 개의 빗장이니 六箇門頭一箇關

---

216) 정반성은 무게중심으로 저울대가 평형을 이루는 지점으로서, 시비분별 및 일체의 집착을 벗어난 평온한 마음의 상태를 가리킨다.

다섯 개 문은 울타리 칠 필요가 없었네　五門不必更遮欄
저 중생의 세간사는 분분히 어지럽지만　從他世事紛紛亂
집안의 가장 아버지는 늘상 편안하다네　堂上家尊鎭日安

無色聲香味觸法

此乃六塵也[217] 皆從一根上起 但去一根上反照從何而起[218] 若識起處[219] 從
根本生起處是妄 休敎生苗[220] 仙眞云 揚湯點<止?>沸 不如釜底抽薪 釋云
要伐其樹 先去其根 枝稍自墜 旣識根本 棄假歸眞 識得我身非有 我身尚無
萬法皆空自然淸靜 觀身無身 觀法亦然[221] 都歸空寂 更去靜坐 觀過去所作
多種色聲香味觸法 在於何處 旣無所有 還如昨夢[222] 我心本空 福罪無主 何
者是罪 何者是福[223] 經云 諦觀心本來空 是則名爲眞懺悔 且道 懺箇甚麽
悔箇甚麽 懺其前非[224] 悔則再不重犯 吧[225] 旣得諸根斷 何處可生苗 只有
虛空在 要見虛空麽 看不見 模不著 對面如常光爍爍 認得也未[226]

---

217) 此乃六塵也가 제2본에는 本無六塵也이다.
218) 但去一根上反照從何而起가 제2본에는 없다.
219) 起處가 제2본에는 的이다.
220) 休敎生苗가 제2본에는 且休認苗이다.
221) 亦然이 제2본에는 無法이다.
222) 更去靜坐 觀過去所作多種色聲香味觸法 在於何處 旣無所有 還如昨夢이 제2본에는
　　無色聲香味觸法也이다.
223) 제2본에는 뒤에 經云 諦觀心本來空 是則名爲眞懺悔 且道 懺箇甚麽 悔箇甚麽 懺其前愆
　　悔其後過 旣得諸根斷 何處可生苗가 붙어 있다.
224) 非가 제2본에는 愆이다.
225) 悔則再不重犯 吧가 제2본에는 悔其後過이다.
226) 只有虛空在 要見虛空麽 看不見 模不著 對面如常光爍爍 認得也未가 제2본에는 없다.

萬法皆空罪福無 更須靜坐嘴羅都

蕭然拿住毗盧手 做箇男兒大丈夫

31. 무색성향미촉법(無色聲香味觸法)

이것은 곧 육진이다. 모두 하나의 근본에서 일어난 것인데, 무릇 그 하나의 근본을 떠나서 어디로부터 일어났는가를 반조해 보라. 만약 일어난 도리를 알고보면 근본으로부터 생기했다는 도리야말로 곧 허망하다. 그러므로 근본의 싹에서 발생했다는 것은 그만두어야 한다.

선진은 말한다.

"끓는 물을 퍼냈다가 다시 부어서 끓는 것을 그치는 것은 솥 밑의 땔감을 빼내는 것만 못하다."

불교에서는 말한다.

"나무를 베고자 하거든 먼저 그 뿌리를 제거하면 줄기와 가지는 저절로 떨어진다."

이미 근본을 알고나면 가(假)를 버리고 진(眞)으로 돌아가서 내 몸이 존재하지 않음을 알게 된다. 내 몸조차 없어지면 만법이 모두 공하여 자연히 청정해진다. 따라서 몸을 관찰해도 몸이 없고, 불법을 관찰해도 또한 그러하여, 모두가 공적(空寂)으로 돌아간다.

이에 다시 고요한 곳으로 가서 과거에 지었던 다양한 종류의 색·성·향·미·촉·법이 어디에 있는가를 관찰하라. 그것이 이미 존재하지 않으면 지난밤의 꿈과 같게 된다. 내 마음이 본래 공하여 복과 죄의 주인공이 있는데 어떤 것이 죄이고 어떤 것이 복인가.

경전에서는 말한다.

"마음이 본래 공한 줄을 자세하게 관찰하면 그것을 곧 진정한 참회라 말한다."

자, 말해 보라. 참은 무엇이고, 회는 무엇인가. 참은 그 이전의 잘못을 뉘우치는 것이고, 회는 다시는 거듭 범하지 않겠다는 맹세이다.

돌(咄)!!

이미 모든 근원이 단제되었는데 어디에서 싹이 트겠는가. 단지 허공만 있을 뿐이다. 허공을 보고자 하는가. 그것은 보려고 해도 볼 수가 없고, 찾으려고 해도 찾을 수가 없다. 그렇지만 막상 그것을 대면하면 본래부터 늘상 있었던 광명처럼 반짝반짝 빛난다. 이해했는가.

만법이 모두 공하여 죄와 복이 다 없으면　萬法皆空罪福無
다시금 고요하게 앉아서 묵묵히 참구하라　更須靜坐嘴羅都
그러다 홀연히 비로자나의 손목 잡아채면　驀然拿住毗盧手
늠름한 남아의 헌헌대장부가 되어 있다네　做箇男兒大丈夫

無眼界乃至無意識界

若眼界淨[227] 竟識安 十八界自然平安 此十八界 因執有眼界 連累十八界不安 但去眼根反究虛假[228] 古德云 眼是障道魔軍 著境自迷回路 仙眞云 眼觀

---

227) 若眼界淨 앞에 제2본에는 本來無形이 있다.
228) 十八界自然平安 此十八界 因執有眼界 連累十八界不安但去眼根反究虛假가 제2본에는 因執有眼 連累十八界不安 但去眼根 反究虛假이다.

心動 著物迷眞 吾身非入²²⁹⁾ 六根皆歸敗壞 靜審四大 都無實義 惟有眞空妙
性 長劫不壞之體 湛然常在 亦無脩證 釋氏云 那伽長<常=>在定 無有不定
之時²³⁰⁾ 先<仙?>師云 定中境界 靜裡乾坤 自然而然 做作又不是也 旣得定
力 有甚散亂 如同秋月 圓陀陀 光爍爍 普天匝地 無有不照著處 說簡照著
亦是自然非安想故 拾得又云 吾心不比月 比月有圓缺 一盞無油燈 照得十
方徹 山河大地 不能隔礙 光明洞耀 逈脫根塵 體露眞常 太²³¹⁾無染汚 但離
諸緣 便是仙佛 理會麼[○]光明無少欠只怕起雲遮²³²⁾
遇境無心眼便明 反觀自己見前程
靈光射透長安道 獨向蓬萊路上行

32. 무안계내지무의식계(無眼界乃至無意識界)

만약 안계가 청정하면 마침내 의식이 평안하여 18계가 자연히 평안
해진다. 이 18계는 안계가 있다는 집착을 말미암아 그것이 연루되어 18
계가 평안하지 못한다. 그러므로 무릇 안근을 제거하고 돌이켜서 허가
(虛假)를 궁구해야 한다.

고덕은 말한다.

"눈은 깨침을 장애하는 마군이다. 눈으로 경계를 집착하면 저절로 돌
아오는 길에 미혹해진다."

선진은 말한다.

---

229) 入이 제2본에는 久이므로 이에 따라서 번역한다.
230) 之時가 제2본에는 持이다.
231) 太가 제2본에는 本이므로 이에 따라서 번역한다.
232) 理會麼[○]光明無少欠只怕起雲遮가 제2본에는 없다.

"눈으로 관찰하면 마음이 요동쳐서 사물에 집착하게 되므로 진리에 미혹하다."

우리의 신체는 오래가지 않고, 육근은 모두 파괴의 상태로 돌아간다. 사대를 고요하게 살펴보면 모두 실의(實義)가 없다. 오직 진공의 오묘한 자성만이 영겁토록 파괴되지 않는 본체로서 담연하고 상주하므로 또한 닦고 깨칠 것이 없다.

불교에서는 말한다.

"부처님은 늘상 선정에 들어계신다. 선정에 있지 않은 때가 없다."

선사(仙師)는 말한다.

"선정의 경계는 하늘과 땅이 모두 고요하다. 그것은 자연히 그러한 것이지 억지로 만든다고 되는 것이 아니다."

이미 선정의 힘을 터득하고나면 어디에 산란이 있겠는가. 그것은 마치 가을날의 달처럼 빠짐없이 원만하고[圓陀陀], 반짝반짝 빛나서[光爍爍] 널리 하늘에 가득하고 땅에 편만하여 비추지 않는 곳이 없다. 그 비추는 경지에 대하여 말하자면 그 또한 자연히 그런 것이지 비추려는 생각으로 비추는 것이 아니다.

습득은 또 말한다.

"우리의 마음을 달에 비유하지 말라	吾心不比月
달에 비유한다면 차고 기움이 있다	比月有圓缺
하나의 등잔에 기름이 없는 등불이	一盞無油燈
시방의 세계 남김없이 훤히 비춘다	照得十方徹
산과 강물과 대지의 만물이 있어도	山河大地
전혀 막히거나 조금의 걸림이 없고	不能隔礙

광명이 모든 곳을 골골샅샅 비추니　光明洞耀
일체의 육근과 육진 아득히 벗어나　迴脫根塵
깨침의 본체가 곧 그대로 드러나네　體露眞常
본래부터 번뇌에 오염이 전혀 없어　太無染汚
무릇 갖가지 반연을 멀리 벗어나면　但離諸緣
곧 그것을 일컬어 仙佛이라 말하네　便是仙佛"
　이런 도리[○]를 알겠는가.
　광명은 모자람이 없지만
　구름이 가릴까 염려된다

경계를 대하여 무심하면 눈이 밝아지고　遇境無心眼便明
돌이켜 자기를 관찰하면 앞길이 보이네　反觀自己見前程
신령스런 광명은 장안 대도를 비춰주고　靈光射透長安道
나 홀로 봉래산을 향해 먼 길 떠난다네　獨向蓬萊路上行

無無明

無無明者 萬緣不生也 無明是黑暗不停之念 一切衆生盡有無明 因有無明
起多種差別 百般煩惱 皆是暗昧之心 故令如是 道云 暗昧心不止 地獄畜生
本 釋云 無明不見菩提路 不覺將身落火坑 儒云 寸心不昧 萬法皆明 又廣
成子云 木去火則不灰 人去情則不死 大顚云 心處六情 如鳥投網 造罪惡業
如蛾赴燈 出殼入殼 轉轉不覺流浪經劫 皆因無明而起 因有無明有行 因行
有識 因識有名色 因名色有六入 因六入有觸 因觸有受 因受有愛 因愛有取

因取有有 因有有生 因生有老死憂悲苦惱 皆因無明爲始 於此親見無明 降
伏令死 死中更死 欺人不得[233] 諸漏自盡 煩惱永斷 三毒自滅 惡根自除 須
是[234]直裁根源 莫顧枝稍華葉[235] 根若截斷 華葉自死 掃除心地[236] 不見其身
身盡無明盡 塵垢亦盡 萬劫塵沙數罪 一時頓息 輪迴生死 一時脫兔 且道似
個什麼 嘎 蜣蜋離糞彈 脫殼化金蟬 會麼[237]

心間不昧性圓明 徧界空空一坦平

寸草不生塵土盡 一輪日向海中生

33. 무무명(無無明)

　무명이 없다는 것은 만연이 발생하지 않는 것이다. 무명은 흑암과 같
은 망념이 그치지 않는 것이다. 일체중생에게는 모두 무명이 있다. 무
명이 있음으로 말미암아 다종의 차별과 온갖 번뇌를 일으키는데, 그것
은 모두 어리석은 마음 때문에 그렇게 된 것이다.

　도교에서는 말한다.

"어리석은 마음이 그치지 않으면 그것이 곧 지옥과 축생의 근본이다."

　불교에서는 말한다.

"무명 때문에 보리의 길을 보지 못하고, 자기도 느끼지 못하는 사이에
　몸이 불구덩이에 떨어진다."

---

233) 欺人不得이 제2본에는 없다.

234) 須是가 제2본에는 없다.

235) 華葉이 제2본에는 없다.

236) 華葉自死 掃除心地가 제2본에는 枝葉自枯이다.

237) 且道似個什麼 嘎 蜣蜋離糞彈 脫殼化金蟬 會麼가 제2본에는 없다.

유교에서는 말한다.

"한 치의 마음이 어둡지 않으면 만법이 모두 밝아진다."

또 광성자[238]는 말한다.

"나무에서 불을 제거하면 재가 되지 못하고, 사람에게서 정(情)을 제거하면 죽지 않는다."

대전화상은 말한다.

"마음이 육정(六情)에 처하는 것은 새가 그물속에 뛰어드는 것과 같고, 죄의 악업을 짓는 것은 나방이 등불속에 날아드는 것과 같다. 껍데기에서 나와서 다시 껍데기로 들어가 윤회를 전전(轉轉)하면서 자기도 모르는 사이에 아득한 세월 동안 유랑하는 것은 모두 무명을 인유하여 일어난다. 무명을 인유하여 行이 있고, 행을 인유하여 식(識)이 있으며, 식을 인유하여 명(名)·색(色)이 있고, 명·색을 인유하여 육입(六入)이 있으며, 육입을 인유하여 촉(觸)이 있고, 촉을 인유하여 수(受)가 있으며, 수를 인유하여 애(愛)가 있고, 애를 인유하여 취(取)가 있으며, 취를 인유하여 유(有)가 있고, 유를 인유하여 生이 있으며, 생을 인유하여 노(老)·사(死)·우(憂)·비(悲)·고(苦)·뇌(惱)가 있는데, 그것은 모두 무명을 인유하여 시작된다. 이에 몸소 무명을 보고 다스려서 없애고, 없어진 가운데서 다시 없애면 더 이상 사람들을 속이지 않게 된다. 이에 모든 번뇌가 저절로 사라진다. 번뇌가 영원히 단제되면 삼독이 저절로 소멸되고, 삼악의 뿌리가 저절로 단제된다. 이에 모름지기 뿌리

---

238) 중국 상고시대에 黃帝가 친히 찾아가 도에 관해 물어본 선인으로서 거인족의 우두머리인 蚩尤와 전쟁을 했을 때 황제의 軍師였던 사람이다.

의 근원을 직절(直截)해야지 가지와 줄기와 꽃과 잎을 돌아보아서는 안된다. 만약 뿌리를 직단(截斷)하면 꽃과 잎은 저절로 고사한다. 이처럼 심지를 소제하면 그 신체가 보이지 않는다. 신체가 다하면 무명이 다하고 번뇌도 또한 다하여, 만겁토록 진사(塵沙)와 같은 수효의 죄업이 일시에 곧 멎고, 윤회의 생사도 일시에 벗어난다."

자, 말해 보라. 그러한 도리가 무엇인가.

사(嗄)!!

쇠똥구리가 쇠똥 구슬을 벗어나서

이에 탈피하면 금매미로 바뀐다네

알겠는가.

마음은 어리석지 않고 자성은 원명하며	心聞不昧性圓明
온갖 세계는 공하고 공하여 평탄하다네	徧界空空一坦平
풀 하나 나지 않고 번뇌의 땅도 다하면	寸草不生塵土盡
둥그렇고 큰 태양이 바다에서 떠오른다	一輪日向海中生

亦無無明盡

旣掃除心地 十八界必然淸淨 身尙忘却 更有甚無明盡[239] 迷則顚倒妄想 是

---

239) 旣掃除心地十八界必然淸淨身尙忘却更有甚無明盡이 제2본에는 潔白之意
道理精通이다.

無明業心 悟則轉凡成聖 是圓明覺性 都是一般心地 只曾[240]明與不明 太上云 同出而異名 永嘉云 無明實性卽佛性 幻化空身卽法身 若執幻身是我卽有無明 有無明卽生三毒 起三惡業 三業昏暗 六根內盲 因此不見[241]不知 背覺合塵 墮三惡道 如有智慧之人 能轉慳貪心 爲喜捨心 轉瞋[242]怒心 爲歡喜心 轉愚癡執著心 爲圓融脫洒心 更改六賊爲神通 於是[243]一一[244]轉得改得 自然轉凡成聖 凡夫卽是聖人 若轉不得改不得 聖人卽是凡夫 如何凡人被物轉 聖人能轉物 百姓日用而不知 終日忙忙 被物所引 日久月深 離家漸遠 不得還鄉 迷眞失本也 若是會萬物歸於自己 豈得迷失眞本矣[245]川老云 終日忙忙 那事無妨 不求解脫 不樂天堂 但能一念歸無念 高步毗盧頂上行 又云 終日吃飯不曾咬著一粒米終日著衣不曾掛著一縷<莖=>絲[246] 道云 居塵不染塵 在慾而無慾 身心一[247]如 內外無餘 須是打成一片 與空劫齊 形影不存 體露堂堂 纔有纖塵 徧界空生 便墮生死 但去[248]反觀己身 我身不實 餘者皆空 我身尚假 有甚無明 且道 如何迷失眞道 咦 雪迷樵子路 雲遮採藥人[249]

前途路逗黑漫漫 無限江河萬嶺巑

---

240) 曾이 제2본에는 爭이므로 이에 따라서 번역한다.
241) 見이 제2본에는 覺이다.
242) 瞋이 제2본에는 嗔이다.
243) 是가 제2본에는 此이다.
244) 一이 제2본에는 二이다.
245) 矣가 제2본에는 也이다.
246) 又云 終日吃飯不曾咬著一粒米終日著衣不曾掛著一縷絲가 제2본에는 없다.
247) 一이 제2본에는 如이다.
248) 體露堂堂 纔有纖塵 徧界空生 便墮生死 但去가 제2본에는 없다.
249) 且道如何迷失眞道 咦 雪迷樵子路雲遮採藥人이 제2본에는 없다.

若解轉身些子力 堂堂大道坦然寬

34. 역무무명진(亦無無明盡)

이미 마음을 소제하여 18계가 완전히 청정해졌다. 그리하여 신체마저 잊어버렸는데 다시 무슨 무명의 다함이 있겠는가. 미혹한 즉 전도망상으로서 그것은 곧 무명업의 마음이고, 깨친 즉 범부가 바뀌어 부처가 되는데 이것이 곧 원명한 각성이다. 이것은 모두 하나의 마음이지만 단지 이에 명(明)이냐 불명(不明)이냐 하고 따지는 것일 뿐이다.

태상노군은 말한다.

"출생은 동일하지만 명칭이 다를 뿐이다."

영가현각은 말한다.

"무명의 본래 성품이 그대로 참불성이고　無明實性卽佛性

허깨비 텅빈 몸뚱아리 그대로 법신이다　幻化空身卽法身"[250]

만약 허깨비 몸을 아(我)라고 집착하면 곧 무명이 있게 된다. 무명이 있으면 곧 삼독이 발생하고 삼악업을 일으키게 되된다. 이에 삼업으로 어두워져[昏暗] 안으로 육근이 눈멀게 되고, 이로 인하여 보지도 못하고 알지도 못하여 깨침을 등지고 번뇌에 합치되어 삼악도에 떨어진다. 그러나 저 지혜가 있는 사람은 간탐심을 돌이켜서 희사심을 만들고, 진노심을 돌이켜서 환희심을 만들며, 우치한 집착심을 돌이켜서 원융한 탈쇄심을 만들고, 또한 육적을 고쳐서 육신통을 만든다. 여기에서 낱낱을 돌이키고 바꾸면 자연히 범부가 바뀌어 부처가 되지만, 만약 돌

---

250) 『永嘉證道歌』, (大正新脩大藏經48, p.395下)

이키지 못하고 바꾸지 못하면 부처가 곧 범부이다.

어째서 범부는 사물에 굴림을 당하고 부처는 사물을 굴리는 것인가. 사람들[百姓]은 날마다 활용하면서도 알지 못하고, 종일토록 바쁘게 치달리면서 사물의 지배를 당한다. 이리하여 날이 가고 달이 가면서 자기의 집으로부터 점차 멀어져서 고향으로 돌아오지 못하여 진리에 미혹하고 근본을 상실해버린다. 그러나 만약 만물이 자기에게 돌아오는 것을 안다면 어찌 진리에 미혹하고 근본을 상실하겠는가.

야보도천은 말한다.

"하루종일 바쁘고 또 바쁘지만 어느 것에도 방해받지 않으며
　終日忙忙那事無妨
　특별히 해탈을 구하지도 않고 또한 천당을 좋아하지도 않네
　不求解脫不樂天堂
　무릇 수행할 경우에는 일념의 상태를 무념의 경지로 돌이켜
　但能一念歸無念
　높디높은 비로자나부처의 이마를 사정없이 짓밟고 걸어가네
　高步毗盧頂上行"251)

또 말한다.

"하루종일 밥을 먹었으되 일찍이 쌀 한 톨도 씹지 않았고
　終日吃飯不曾咬著一粒米
　종일 옷을 걸쳤으되 일찍이 한 올의 실도 걸치지 않았네

---

251) 야보의 게송24.

終日著衣不曾掛著一縷絲"[252]

　도교에서는 말한다.

"홍진 속에 살지만 홍진에 물들지 않고 욕망 속에 살지만 욕망이 없네."

　몸과 마음이 일여하니, 안과 밖이 다름이 없다. 모름지기 몸과 마음이 하나가 되어야만 공겁이전과 같아서 형체와 그림자가 없어서 본체가 당당하게 드러난다. 티끌만한 번뇌[塵]라도 남아있으면 모든 중생세계에 부질없이 태어나서 곧 생사에 떨어진다. 그렇지만 무릇 자기의 몸을 돌이켜 관찰해보면 자기의 몸은 실체가 없고 나머지도 모두 공하다. 내 몸도 오히려 가(假)일진댄 어디 무명인들 있겠는가.

　자, 말해 보라. 진리에 미혹하고 근본을 상실한다는 것이란 무엇인가.

　이(咦)!!

　내려 쌓인 눈발은 나무꾼의 길을 없애고
　구름은 약초 캐는 사람의 길을 막아서네

가는 길은 좁고 어두우며 아득하고　　前途路迥黑漫漫
강물은 끝없고 만산은 높이 솟았네　　無限江河萬嶺巑
몸을 굴리는 작은 힘이라도 있다면　　若解轉身些子力
당당한 대도가 넓게 펼쳐져 있겠네　　堂堂大道坦然寬

---

252)『金剛經如是經義』卷下, (卍新續藏25, p.699上) "(如如居士)顔丙曰 終日吃飯 不曾咬著一粒米 終日著衣 不曾掛著一莖絲 所以我佛橫說竪說 四十九年 未嘗道著一字" 참조.

乃至無老死

旣得無更有甚憂苦老死[253] 脩行之人 須要忘形忘體 我身旣無 有何無明 無明旣無 生死亦斷 太上云 内觀其心 心無其心 外觀其形 形無其形 遠觀其物 物無其物 三者旣悟 惟見於空 金剛經云 無我相 無人相 無衆生相 無壽者相 三者旣無四相皆空 有何無明老死 萬法自空 卽是仙佛 只這仙佛兩字 也是多了 亦乃强名 且衆生顚倒 被目前幻境所惑 習性所牽 形影變動 不能作主 隨物流轉 因執有我 妄心不滅 人我不除 執著聲色 墮落生死 若是見性之人 目前無法 亦無衆生 心佛及衆生本[254]無差別 平等眞法界 一體同觀 萬法歸一 且道[255] 怎地[256]同觀爲 仙眞云 雖則枝分稍異 到了萬葉歸根 然則派列流差必竟[257] 百川還海 且太極未判 混然一氣 豈有二耶 天地旣分 而有高下 一生二 二生三 三生萬物 皆一無所化 天也是道 地也是道 人也是道 有情無情 皆受道氣所生 觀梢末則萬彙不等 知根本則一槩[258]無殊 釋云 是法平等無有高下[259] 仙眞云 平等不二老[260] 是全眞之丈夫 若識破這個道理 生則從他生 老則從他老 病則從他病 死則從他死 生老病死 不曾[261]礙著我 漚生漚滅[○] 波飜浪瀁[262]水本常然 大顚云 到家底人 不見有生死 亦

---

253) 旣得無更有甚憂苦老死가 제2본에는 없다.
254) 本이 제2본에는 三이므로 이에 따라서 번역한다.
255) 道가 제2본에는 없다.
256) 地가 제2본에는 的이므로 이에 따라서 번역한다.
257) 到了萬葉歸根然則派列流差必竟이 제2본에는 根本無殊 派別流差이다.
258) 槩가 제2본에는 槪이다.
259) 釋云 是法平等無有高下가 제2본에는 없다.
260) 老가 제2본에는 者이므로 이에 따라서 번역한다.
261) 不曾이 제2본에는 不曾干이다.
262) 瀁이 제2본에는 滾이다.

無生滅 天堂地獄 六道四生 一切幻化 於徹底人 總無交涉 自然全身放下
古云 諸行無常一切空 卽是如來大圓覺 且道死了向其處去 會得麽 一輪無
影日 端在太虛中²⁶³⁾
旣太執分身 無明幻境盡
觀空亦是空 生死無由近

35. 내지무노사(乃至無老死)

이미 無를 터득했는데, 다시 우(憂) · 고(苦) · 노(老) · 사(死)인들 있겠
는가. 수행인은 모름지기 자신의 몸[形 · 體]을 잊어야 한다. 그런데 이
미 자신의 몸이 없는데 어찌 무명인들 있겠는가. 이미 무명이 없으므
로 생과 사도 또한 단제되었다.

태상노군은 말한다.

"안으로 본래의 그 마음을 관찰해보면 본래의 그 마음이 없고, 밖으로
본래의 그 몸[形]을 관찰해보면 본래의 그 몸도 몸이라 할 것이 없으며,
멀리 그 만물을 관찰해보면 만물도 그 만물이라 할 것이 없다. 이미 이
세 가지를 깨친 사람만이 오직 공을 본다."

『금강경』에서는 말한다.

"아상이 없고 인상이 없으며 중생상이 없고 수자상이 없다."²⁶⁴⁾

이미 세 가지가 없고, 사상이 모두 공한데 어찌 무명 · 노 · 사가 있겠
는가. 만법이 본래 공한데 그것이 곧 부처님[仙佛]이다. 단지 이 부처님

---

263) 且道死了向其處去 會得麽 一輪無影日 端在太虛中이 제2본에는 없다.
264) 『金剛般若波羅蜜經』, (大正新脩大藏經8, p.750中)

[仙佛]이라는 두 글자도 또한 많고, 또한 억지로 붙인 명칭이다.

또한 중생은 전도되어 목전의 허깨비와 같은 경계에 미혹되고 쩝性에 이끌려서 몸과 마음[形·影]이 변화하고 움직이므로 주인공이 되지 못하고, 사물을 따라 유전하며, 유아(有我)에 대한 집착을 인유하여 망심이 소멸되지 않고, 인아(人我)가 없어지지 않으며, 소리와 색에 집착하므로 생과 사에 타락한다.

그러나 만약 견성한 사람이라면 목전에 존재[法]가 없고, 또한 중생도 없으며, 마음과 부처와 중생의 셋에 차별이 없고, 평등하고 진여의 법계를 일체(一體)로 동일하게 관찰하므로 만법이 하나로 돌아간다.

자, 말해 보라. 어째서[怎的] 동일하게 관찰한다는 것인가.

선진은 말한다.

"비록 가지[枝]와 줄기 끝[梢]이 따로 나뉘어져 있지만 종국에 온갖 나뭇잎은 뿌리로 돌아간다."

그런즉 물줄기[派]와 지류[流]가 달리 나뉘어 있지만 온갖 강물을 바다로 돌아간다. 또한 태극이 분리되기 전에는 혼연하여 일기(一氣)였는데 어찌 둘이 되었는가. 이미 하늘과 땅으로 나뉘어 높고 낮음이 있듯이, 하나는 둘을 발생하고, 둘은 셋을 발생하며, 셋은 만물을 발생하지만 그 모두는 하나로서 변화된 것이 없다. 곧 하늘이 곧 깨침이고, 땅이 곧 깨침이며, 사람이 곧 깨침이다. 유정과 무정도 모두 깨침의 기운을 받아서 발생한 것이다. 나뭇가지의 끝을 관찰해보면 모든 나뭇가지의 끝이 동일하지 않지만 그 뿌리[根本]를 알고보면 곧 하나로서 다름이 없다.

불교에서는 말한다.

"제법은 평등하여 높고 낮음이 없다."²⁶⁵⁾

　선진은 말한다.

"평등하여 둘이 아닌 사람이야말로 곧 있는 진정한[全眞] 장부이다."

　만약 그러한 도리를 알아차린다면 태어나도 곧 그 도리에서 태어나고, 늙어가도 곧 그 도리에서 늙어가며, 병이 들어도 곧 그 도리에서 병이 들고, 죽어도 곧 그 도리에서 죽어가므로 생·로·병·사에 대하여 일찍이 아(我)라는 물거품이 발생하고 아(我)라는 물거품이 소멸되는 그런 장애가 없다. [○] 파도가 치고 물결이 일렁거려도 물의 본성은 늘상 그러하다.

　대전화상은 말한다.

"본가에 도달한 사람은 생과 사가 있음을 보지 않고, 또한 발생과 소멸, 천당과 지옥, 육도와 사생 등 일체의 환화(幻化)가 없다는 것에 철저한 사람은 전혀 아무런 상관이 없이 자연히 전신(全身)을 놓아버린다."

　고인은 말한다.

"모든 유루행은 무상하고 일체제법은 공하다. 곧 그것이 여래의 大圓覺이다."

　자, 말해 보라. 죽고나면 어디를 향해 가는 것인가.

　알겠는가.

　그림자 없는 둥근 태양 하나가

　태허 속에 단엄하게 떠 있다네

---

265) 『金剛般若波羅蜜經』, (大正新脩大藏經8, p.751下)

강한 집착에서 몸을 벗어나니　旣太執分身
무명과 허깨비 경계 사라지네　無明幻境盡
공을 관찰함도 또한 공하므로　觀空亦是空
생사가 다가올 이유가 없다네　生死無由近

亦無老死盡

旣無老死 常劫如然 豈有窮盡 有盡者是幻境色身[266] 無老死者[267] 是眞空法
相 旣不著有 亦不滯空 活鱍鱍地[268] 轉轆轆地[269] 圓陀陀地[270] 光爍爍地[271]
豈有盡耶 且初行行人[272] 先要打當乾淨 方有些兒[273] 相應處 太上云 損之又
損之 以至於無爲 無爲而無不爲 大顚云 學道之人 如剝芭蕉一般 去一層又
去一層 直至去盡無下手處 自然返本還源[274] 得五蘊空 如未生相似 燒了一
般 到空不空處 脫體全忘 不存踪跡 要通身手眼 不立纖塵 名字猶不可得[275]
何況其[276]他十二因緣 六度萬行頭陀苦行一時頓脫 如枯木死灰 如百無一

---

266) 有盡者是幻境色身이 제2본에는 有盡是色身이다.
267) 者가 제2본에는 없다.
268) 地가 제2본에는 的이다.
269) 地가 제2본에는 的이다.
270) 地가 제2본에는 的이다.
271) 地가 제2본에는 的이다.
272) 且初行行人이 제2본에는 修行人이다.
273) 方有些兒가 제2본에는 纔有이다.
274) 源이 제2본에는 元이다.
275) 猶不可得이 제2본에는 없다.
276) 其가 제2본에는 없다.

會底[277]人 古云 不是息[278]心除妄想 都緣無事可思量 若更說生說死 說因說果 說心說性[279] 永嘉云 心是根 法是塵 兩種猶如鏡上痕 痕垢盡除光始現 心法雙忘方到無生死之地[280] 且道人法俱忘復是何物 理會麽 灰飛烟滅家何處 水遠天長一色秋[281]

人法雙忘萬事休 百川四海會源流

猛然迸出寥天月 照徹乾坤四大川

36. 역무노사진(亦無老死盡)

이미 노·사가 없어서 영겁[常劫]에 여여한데 어찌 다함이 있겠는가. 다함이 있은 즉 그것은 곧 허깨비의 경계로서 색신이고, 노·사가 없은 즉 그것은 곧 진공의 법상이다. 이미 有에 집착이 없고 또한 공에 막힘이 없어서 팔딱팔딱 살아있고[活鱍鱍地], 거침없이 굴러가며[轉轆轆地], 빠짐없이 원만하고[圓陀陀地], 반짝반짝 빛나는데[光爍爍地] 어찌 다함이 있겠는가. 또한 처음 수행하는 수행인이라면 먼저 반드시 마음이 맑아야[乾淨] 바야흐로 조금이라도 상응하는 도리가 있다.

태상노군은 말한다.

"욕심을 줄이고 또 줄임으로써 작위(作爲)가 없는 경지[無爲]에 도달하

---

277) 底가 제2본에는 的이다.
278) 息이 제2본에는 洗이다.
279) 說心說性 뒤에 제2본에는 則被法縛也가 있으므로 이에 따라서 번역한다.
280) 方到無生死之地가 제2본에는 涅槃城이고, 『證道歌』의 본문에는 性卽眞이므로 이에 따라서 번역한다.
281) 且道人法俱忘復是何物 理會麽 灰飛烟滅家何處 水遠天長一色秋가 제2본에는 없다.

라. 그리하여 작위가 없는 경지[無爲]이면서도 또한 작위가 없는 경지 아님도 없어야 한다."

대전화상은 말한다.

"수행자라면 마치 파초를 벗겨내는 것과 같아야 한다. 한 겹을 벗겨 내고 또 한 겹을 벗겨내어 마침내 더 이상 손댈 것이 없는 단계에 이르러야 한다. 그러면 자연히 본래의 자리로 돌아가고 원래의 상태로 돌아와서 오온이 공한 경지를 터득하게 되면 번뇌가 발생하기 이전과 같고 모든 것을 태워버린 것과 같다. 그리하여 공하지만 공하지 않는 경지에 도달하면 온 몸을 통째로 잊고 아무런 종적도 없다. 요컨대 온 몸과 손과 눈에 미세한 티끌도 내세우지 못하고 명자(名字)도 또한 붙이지 못하는데, 하물며 기타 십이인연과 육바라밀과 온갖 수행과 두타행과 고행을 일시에 완전하게 벗어나서 마치 마른 나무와 식어버린 재와 같고, 백 가지 가운데 하나도 모르는 사람과 같은 경우이겠는가."

남대수안(南臺守安) 선사는 말한다.

"마음을 그치거나 망상을 없애는 것은 옳지 못하다

모든 반연에 번뇌가 없으니 사량하기가 딱 좋다네"[282]

그러므로 만약 다시 생을 설명하고 사를 설명하며 인을 설명하고 과를 설명하며 심을 설명하고 성을 설명하는 것은 곧 법박(法縛)에 휘말리

---

282) 『五燈會元』卷8, (卍新續藏80, p.181下) "僧問 人人盡有長安路 如何得到 師日 即今在甚麼處 問 寂寂無依時如何 師日 寂寂底聾 因示頌日 南臺靜坐一鑪香 終日凝然萬慮亡 不是息心除妄想 都緣無事可思量" CBETA에 의거함.

는 것이다.

영가현각(永嘉玄覺)[283]은 말한다.

"분별심이 뿌리요 외경의 법은 티끌이다   心是根 法是塵

　이 두 가지 관계는 거울의 티끌과 같아   兩種猶如鏡上痕

　티끌이 없어지면 거울의 빛이 나타난다   痕垢盡除光始現

　마음과 법 무분별하면 본성이 진리된다   心法雙忘方到無生死之地"[284]

　자, 말해 보라. 인(人)과 법(法)을 모두 잊으면 또 그것은 어떤 것이 되는가.

　이런 도리를 알겠는가.

　재 날리고 연기 끊긴 집은 어디에 있는가

　물 깊고 하늘 높으니 딱 그대로 가을이네

사람과 법을 모두 잊으니 만사가 그치고   人法雙忘萬事休

온갖 강물은 사해에서 그 원류를 만나네   百川四海會源流

고요한 저 하늘에 돌연 달빛이 뿜어나와   猛然迸出寥天月川

하늘과 대지 및 사대천을 훤히 비춰주네   照徹乾坤四大[285]

---

283) 永嘉玄覺(675-713)은 江蘇省 溫州府 永嘉縣 출신으로 字는 明道이다. 어려서
　　출가하여 널리 三藏을 탐구하였는데, 특히 天台止觀에 정통하였고, 禪觀을
　　닦았다. 左溪玄朗의 권유를 받아 東陽玄策과 함께 曹溪慧能을 참문하여 印可를
　　받고, 一宿覺이라는 별명을 얻었다. 眞覺大師·無相大師라고도 한다.『證道歌』및
　　『禪宗永嘉集』의 저술이 전한다.
284)『永嘉證道歌』,(大正新脩大藏經48, p.396中)
285) 五嶽과 四大川은 도교에서 온 천지를 가리키는 말로 사용된다.

無苦集滅道

旣忘其形 卽得生死斷[286] 更無窮盡 有甚苦集滅滅<滅-?>道 先<仙?>師
云 因有身心招衆苦 能忘心體[287] 苦何生 釋云 身是衆苦之本 心是惡業之根
若能放下身心 便登菩提彼岸 大顚云 小乘之人 日夜精進 六度萬行 心外求
法 免此四諦 出三界 免輪迴 無有是處 諸佛爲大事因緣 出現於世 不以小
乘法濟度於衆生 大乘之者 學無爲法 端坐念實相 衆罪如霜露 慧日能消除
存於閑[288]處收攝其心 端坐不動 觀一切法 皆無所有 及[289]觀四大有身非覺
體無相 乃明眞自知空寂 頓觀淨盡無功之功 長劫不壞 無爲之爲而不爲 如
如不動 湛然常寂 蓮經云 諸法從本來 常自寂滅相 佛子行道已 來世得作佛
定慧力莊嚴 無迷無悟 無苦無樂 無集無滅 無道無得 無慧無失 本來無一物
明鏡亦非臺 到這裡 脩證卽無 染汚不得 一超直入如來地 要見如來麽 如來
似來不來 似去不去 送之卽不得 留之亦不住 會麽 竹密不妨流水過 山高豈
礙白雲飛[290]

無苦集滅道幽哉 頓然淨盡見如來

愚人外覓三十二 共汝同行你不猜

37. 무고집멸도(無苦集滅道)

이미 자기의 몸을 잊은 즉 생사의 단제를 터득하여 다시 다할 것이

---

286) 斷이 제2본에는 斷絶이다.
287) 心體가 제2본에는 身心이므로 이에 따라서 번역한다.
288) 閑이 제2본에는 間이다.
289) 及이 제2본에는 反이다.
290) 會麽 竹密不妨流水過 山高豈礙白雲飛가 제2본에는 없다.

없는데 무슨 고 · 집 · 멸 · 도가 있겠는가.

선사(仙師)는 말한다.

"몸과 마음이 있음을 인유하여 온갖 고통이 초래된다. 몸과 마음을 잊는다면 어찌 고통이 발생하겠는가."

불교에서는 말한다.

"몸은 온갖 고통의 근본이고, 마음은 악업의 근본이다. 그러므로 만약 몸과 마음을 놓아버려야 곧장 보리의 피안에 오른다."

대전화상은 말한다.

"소승의 마음으로 수행하는 사람은 밤낮으로 정진하고 육바라밀을 모두 닦으면서도 마음 밖에서 불법을 추구하여 이 사성제를 모면하려 하고 삼계를 벗어나 윤회를 모면하려 하지만 그런 법은 있을 수가 없다. 삼세제불은 일대사의 인연으로 세간에 출현하였는데, 결코 소승법으로 중생을 제도하지는 않았다."

그러므로 대승법을 수행하는 사람은 무위법을 배워야 한다. 곧 단정하게 앉아서 실상을 관념하면 온갖 죄가 서리와 이슬과 같아서 지혜의 태양에 녹아버리고, 한처(閑處)에서 본래의 마음을 수습(收攝)하며 단정하게 앉아서 부동의 마음으로 일체법을 관찰하면 모든 일체법에 집착이 없어지며, 또한 사대로 이루어진 몸은 각체(覺體)가 아님을 관찰하여 분별상이 없어지면 이에 진리가 밝아져 공적한 줄 저절로 알게 되고, 철저하게 관찰하여 아무것도 없게 되면[淨盡][291] 그것이야말로 무공의 공으로서 영겁토록 무너지지 않으며, 무위(無爲)의 행위이지만 행위 아님

---

291) 분별과 집착이 조금도 남아 있지 않는 상태를 가리킨다.

이 없으므로 진여처럼 부동하고 담연하여 늘상 공적하다.

『법화경』에서는 말한다.

"유위 및 무위의 제법은 본래부터   諸法從本來
언제나 적멸한 모습 보여 주었네   常自寂滅相
불자가 닦아서 곧 몸소 깨친다면   佛子行道已
다음 생에는 반드시 부처 된다네   來世得作佛"[292]

　선정과 지혜의 힘으로 장엄되었기에 미(迷)도 없고 오(悟)도 없으며, 고(苦)도 없고 락(樂)도 없으며, 집(集)도 없고 멸(滅)도 없으며, 도(道)도 없고 득(得)도 없으며, 혜(慧)도 없고 실(失)도 없다. 본래부터 집착할 것이 아무것도 없고 명경도 또한 걸어둘 곳이 없다. 이러한 경지에 도달하면 수행과 깨침이 없지는 않지만 단지 번뇌에 염오되지 않을 뿐이므로 대번에 곧장 여래의 경지에 들어간다.

　여래를 친견하고자 하는가. 여래는 도래한 듯하지만 도래한 적이 없고, 떠난 듯하지만 떠난 적이 없으며, 보내려고 해도 보낼 수가 없고, 머물게 하려고 해도 머물게 할 수가 없다.

　알겠는가.

　대나무가 빽빽하게 자라도 흐르는 물을 막지 못하고
　산이 아무리 높아도 흰 구름 나는 것을 막지 못하네

고 집 멸 도가 사라진 그윽한 경지로다   無苦集滅道幽哉
남김없이 완전해야 곧 여래를 친견하네   頓然淨盡見如來

---

292) 『妙法蓮華經』 卷1, (大正新脩大藏經9, p.8中)

멍청한 사람은 밖에서 삼십이상 찾지만   愚人外覓三十二
그대와 함께 있는 줄 의심해선 안 된다   共汝同行你不猜

無智亦無得

自身尚假 豈有得乎 道云 實無所得 爲化衆生 名爲得道 釋云 亦無人亦無
佛 大千沙界海[293]中漚 一切聖賢如電拂 又云 不是心 不是佛 不是物 大顚
云 到這般田地 如賊入空室 無物得偸 道經有云 離種種邊 名爲妙道 釋又
[294]云 自性淸淨 實無一法可當情 本來付有法 付了然無法 各各[295]心自悟
悟了無無法 無得無失 無進無脩 胸次纏有絲毫 有得有失 我能我會 我悟我
達[296] 我聰明我智慧 盡是增上慢 人我不除 皆墮生死 若是眞實道人 總不如
是 自有出身之路 且道 如何是出身之路 打敎四邊淨 自好向前行
本來這箇沒纖塵 只怕時人錯認眞
放下了然無一物 何方[297]不是武陵春[298]

38. 무지역무득(無智亦無得)

자기의 몸조차도 오히려 가신(假身)인데 어찌 얻을 것이 있겠는가.

---

293) 海가 제2본에는 水이다.
294) 又가 재2본에는 없다.
295) 各各이 제2본에는 箇箇이다.
296) 達이 제2본에는 笒이다.
297) 方이 제2본에는 處이다.
298) 武陵春이 제2본에는 舊家風이다.

도교에서는 말한다.

"실제로는 무소득이지만 중생의 교화를 위하여 득도(得道)라 말한다."

불교에서는 말한다.

"또한 중생도 없고 또한 부처도 없다. 삼천대천의 모래 수처럼 많은 세계도 바다에서 일어나는 물거품이고, 일체의 성현도 번개가 치는 것과 같다."

또한 말한다.

"마음도 없고 부처도 없으며 중생도 없다."

대전화상은 말한다.

"그러한 무소득의 경지에 도달하면 도둑이 빈 방에 들어간 것과 같아서 훔칠 물건이 아무것도 없다."

도교의 경전[299]에서는 말한다.

"온갖 편견을 벗어난 것을 묘도라 말한다."

불교에서는 또 말한다.

"본래자성은 청정하여 실제로 어떤 법도 도리에 들어맞는 것이 없다."

본래는 어떤 법을 부촉하였지만 부촉을 마친 뒤에는 그 법조차 없다. 각각 자기의 마음을 깨쳤지만 깨친 뒤에는 무법(無法)조차 없다. 그래서 득(得)도 없고 실(失)도 없으며, 진(進)도 없고 수(修)도 없다. 그러나 마음 속에 털끝만치라도 득(得)이 있고 실(失)이 있으며, 나는 알았고 나는 이해하였다, 나는 깨쳤고 나는 통달하였다, 나는 총명하고 나는 지혜가

---

299) 『太上洞玄靈寶昇玄消災護命妙經』을 가리킨다.

있다는 생각을 품는다면 그것은 모두 증상만으로서 인상과 아상을 제거하지 못하여 죄다 생과 사에 떨어진다. 만약 진실로 깨친 사람이라면 결코 그와 같이 않고 자신에게 집착으로부터 벗어나는[出身] 길을 지니고 있다.

자, 말해 보라. 그와 같은 출신의 길이란 무엇인가.

동서남북을 깨끗하게 해 두어라

그리고 기꺼이 앞으로 나아가라

그러한 경지에는 본래 미세한 티끌도 없지만	本來這箇沒纖塵
세간의 사람들이 진실을 착각할까 염려될 뿐	只怕時人錯認眞
모든 것을 내려놓으면 분명히 일물도 없건만	放下了然無一物
모든 곳이 무릉도원의 봄 경치가 아니겠는가	何方不是武陵春

以無所得故

得無所得一體空虛 脩行人到這裡 入大乘之位 衆生因甚輪轉 不能休息 因不曾見性 斷於[300] 智慧 不能廣悟無量空義 執著自己胸次學解 惺却本心 大顚云 從外入者 不是家珍 仙眞云 學他心內言 終是別人語 衆生被乾慧學 解廣覽 積習在心 遂成我慢 古云 若有絲毫便是塵 塵若不消 只知傳說事 塵若消盡 諸境親見 諸事親知 如明眼人登高山 無所見[301] 脩行人須是究竟

---

300) 於가 제2본에는 없다.
301) 見이 제2본에는 不見이므로 이에 따라서 번역한다.

到空劫齊 不落第二見 歸根得旨 方有相應 若是執著人我 便生輕易 善星[302]
比丘講得維摩經 增上慢 人我不除 生陷地獄 雲光法師講得天華亂墜 貪嗔
不改 墮落堰牛 若要超佛越祖 須是念念空寂 世間幻化 一切客塵 惟太虛之
體 聲色不存 纖塵不立 如虛空相似 便是了事淸淨安樂道人 要見淸淨安樂
道人麼 不掛一縷絲 頭頭自相遇[303]

赤膊條條不掛絲 同行同坐阿誰知
只認張三幷李四 不識你是甚家兒

39. 이무소득고(以無所得故)

무소득을 터득하였으므로 일체가 공허하다. 그런 경지에 도달한 수
행인은 곧 대승의 지위에 들어간다. 중생은 어째서 전전(輪轉)하면서 그
것을 휴식하지 못하는가. 그것은 일찍이 견성하지 못한 까닭에 지혜가
적어서 널리 무량한 공의(空義)를 깨치지 못하고 자기의 가슴속에 배우
고 이해한 것에 집착하여 본심을 그르친 까닭이다.

대전화상은 말한다.

"밖에서 들어온 것은 집안의 보배가 아니다."

선진은 말한다.

"남의 마음속에 있는 말을 배운 사람은 결국 남의 말일 뿐이다."

중생은 얄팍한 지혜[乾慧]로 배우고 이해하며 널리 공부한 것이 마음
에 적습(積習)되면 마침내 아만이 되고 만다.

---

302) 星이 제2본에는 心이다.
303) 要見淸淨安樂道人麼 不掛一縷絲 頭頭自相遇가 제2본에는 없다.

고인은 말한다.

"만약 털끝만치라도 마음에 집착이 남아있으면 그것은 곧 번뇌이다."

만약 번뇌가 소멸되지 않으면 단지 전해오는 것에 대해서만 그럴싸하게 꾸며 말할[說事] 수 있을 뿐이다. 그러나 만약 번뇌가 소멸되면 모든 경계를 친히 보고 모든 상황을 친히 알게 되는데, 마치 눈 밝은 사람이 높은 산에 올라가면 보지 못하는 것이 없는 것과 같다.

그러므로 수행인이라면 모름지기 구경에는 공겁에 도달해야지 제이견에 떨어져서는 안된다. 곧 근본으로 돌아가서 종지를 터득해야만 바야흐로 깨침에 상응한다. 그러나 만약 인상과 아상에 집착하면 곧 경만심이 발생한다. 선성비구는 『유마경』을 강의하였지만 증상만 때문에 아상과 인상을 제거하지 못하여 산 채로 지옥에 떨어졌다.

또 운광법사가 강의를 할 때면 하늘에서 꽃이 분분히 내렸지만 탐욕과 진에를 고치지 못하여 연못가의 소로 태어났다. 만약 부처를 초월하고 조사를 초월하고자 하면 모름지기 늘상 공적해야 한다. 세간은 환화(幻化)이므로 일체가 객진번뇌일 뿐이다. 그래서 오직 태허의 본체만이 있을 뿐이지 소리와 색은 존재하지 않고, 미세한 티끌조차도 성립되지 않는다. 그런 경지의 사람은 마치 허공과 비슷하기 때문에 곧 일대사를 마친 청정한 안락도인이다.

자, 그러면 청정한 안락도인을 보고자 하는가.

가식의 실오라기 하나 걸치지 않았지만

어디를 가든지 저절로 그와 마주친다네

맨 몸에 실오라기 하나 걸치지 않았으니   赤膊條條不掛絲

같이 걷고 같이 앉은들 뉘라서 알겠는가　同行同坐阿誰知
단지 장씨네 셋째이고 이씨네 넷째일 뿐　只認張三幷李四
그대가 뉘 집 아이인지는 도통 모른다네　不識你是甚家兒

菩提薩埵

菩提薩埵者 西天梵語也 東土翻爲人空法空 大顚有云 了得人空名曰菩
提 了得法空名曰薩埵 人法俱空名曰玅覺 若四果小乘著相脩行 精進苦
行 及至脩無漏 斷塵沙惑 果行圓滿 得四果阿羅漢 如獐獨跳 神通狹劣 墮
在聲聞辟支佛果[304] 不能接物利生 若不見性 不得到圓頓之位 須是見性 若
見性已[305] 反掌之間 轉凡成聖 自然機緣悟佛三昧 知大道根源 惟[306]無師智
自然智 多種種方便 度諸迷悟 同登彼岸 更不受生 敎外別傳 不勞寸刃[307]
入圓頓無礙法門 且道 如何是無礙法門 緜平一等 七通八達
衆水相合不分淸 衆火相聚一同明
果必到家無異路 坦然大道一般平

40. 보리살타(菩提薩埵)

　보리살타는 서천의 범어이다. 동토의 말로 번역하면 인공(人空)·법
공(法空)이다.

---

304) 果가 제2본에는 裏이다.
305) 若見性已가 제2본에는 若得見性이다.
306) 惟가 제2본에는 雖이므로 이에 따라서 번역한다.
307) 不勞寸刃이 제2본에는 없다.

대전화상은 말한다.

"인(人)이 공함을 터득하면 보리라 말하고, 법(法)이 공함을 터득하면 살타라 말하며, 인과 법이 모두 공한 것을 묘각이라 말한다."

사과(四果)의 소승인의 경우는 상(相)에 집착하여 수행하고 정진하며 고행하고 내지 무루행을 닦으며 무수한 번뇌[塵沙惑]를 단제하여 과행이 원만해지면 제사과인 아라한과를 터득하는 것으로 간주한다. 이것은 마치 노루가 뛰노는 것과 같아서 신통이 작아서 성문과 및 벽지불과에 떨어져 중생을 만나도 이롭게 하지 못한다. 이처럼 만약 견성하지 못하면 원돈의 지위에 도달하지 못하므로 모름지기 견성해야 한다.

만약 견성을 하면 손바닥을 뒤집는 사이에 범부가 바뀌어 부처가 되고, 자연히 부처의 삼매를 깨치는 기연을 얻어서 대도의 근원을 알며, 비록 무사지(無師智)와 자연지(自然智)일지라도 다양한 갖가지 방편으로 모든 미(迷)와 오(悟)를 제도하여 더불어 피안에 올라서 다시는 중생의 생을 받지 않는다. 이로써 교외별전(敎外別傳)의 방식으로 한 치의 칼도 사용하지 않고 원돈의 무애법문에 들어간다.

자, 말해 보라. 그렇다면 무애법문이란 무엇인가.

끝없이 멀고 드넓어서
온갖 방향으로 통한다

온갖 물이 합해지니 청탁을 분별할 수 없고　衆水相合不分淸
온갖 불이 합해지니 다 같아 밝을 뿐이라네　衆火相聚一同明
궁극에는 집에 도달해 다른 길 찾지 않으니　果必到家無異路
평탄하고 드넓은 대도는 어디라도 평등하네　坦然大道一般平

依般若波羅蜜多故

此中間六箇字 依前涅槃[308]解說 脩行得大智慧 旣有智慧 必登彼岸 而復太
虛最尊最勝 悟性般若 天上天下無有及之 道云 一[309]日有爲 不如一時無爲
又云 一年學敎 不如一日脩[310]道 古德云 千日學慧[311] 不如一日學般若 大
顚云 般若通透大光明藏 如人入海 轉入轉深 開[312]佛知見 悟佛知見 有大神
通變化 多般方便應現種種相 隨機利物 不落第二 一體同觀 平等眞法界 無
衆生可度 亦無佛可做 理會得麼 水流異派 到海同源 呵呵 只怕漫散了收拾
不來 破鏡不重照落華難上枝[313]
了得般若波羅蜜 調和種性皆歸一
默然參透一何歸 半夜虛空如白日

41. 의반야바라밀다고(依般若波羅蜜多故)

가운데 있는 '반야바라밀다'의 여섯 글자는 이전의 갖가지에 의거하
여 해설하자면 수행을 통하여 얻은 대지혜를 말한다. 이미 지혜가 있
으므로 반드시 피안에 오르고, 다시 태허처럼 가장 높고 가장 뛰어난
경지에 오른다. 이것은 자성을 깨친 반야로서 천상과 천하에서 그것에
미치는 것이 없다.

---

308) 涅槃이 제2본에는 種種이므로 이에 따라서 번역한다.
309) 一이 제2본에는 十이므로 이에 따라서 번역한다.
310) 脩가 제2본에는 通이다.
311) 慧가 제2본에는 法이므로 이에 따라서 번역한다.
312) 開가 제2본에는 聞이다.
313) 呵呵 只怕漫散了收拾不來 破鏡不重照落華難上枝가 제2본에는 없다.

도교에서는 말한다.

"열흘 동안의 유위는 하루 동안의 무위만 못하다."

또 말한다.

"일년 동안 교학을 배우는 것은 하루 동안 수도하는 것만 못하다."

고덕은 말한다.

"천일 동안 교법을 배우는 것은 하루 동안 반야를 배우는 것만 못하다."

대전화상은 말한다.

"반야는 대광명장에 통달해 있다. 그래서 마치 바다에 들어가는 것과 같아서 들어가면 들어갈수록 점점 깊어진다. 이처럼 부처님이 지견을 열고 부처님의 지견을 깨치면 대신통변화가 있고 수많은 방편으로 갖가지 모습에 응현하여 근기를 따라서 중생을 이롭게 하되, 제이의(第二義)에 떨어지지 않고 한 몸처럼 동일하게 관찰하여 평등한 진여법계가 되기 때문에 거기에는 제도받을 중생이 없고 또한 성취해야 할 부처도 없다."

이러한 도리를 알겠는가.

물길은 여러 갈래로 다르지만

바다에 도달하면 근원이 같다

하하하!!

단지 어지럽게 흩어지면 수습하지 못할까 염려될 뿐이라네

파경은 다시 비추지 못하고 낙화는 또 가지에 붙지 못하네

저 반야바라밀을 확실히 터득한 이후에는　了得般若波羅蜜

근원의 자성을 조화시켜 하나로 돌아가네　調和種性皆歸一

하나가 돌아가는 곳을 묵연하게 참투하면　默然參透一何歸
밤중에도 허공은 대낮처럼 밝아질 것이네　半夜虛空如白日

心無罣礙

依此般若波羅蜜多脩行 卽得心無罣礙[314] 卽悟眞如妙理 廓徹太虛 淸淨本然 常得自在 仙師云 心若太虛 不染一物　釋云 心同虛空法[315] 示[316]等虛空法 證得虛空時 無是無非法 旣然與虛空混爲一體 有何差別 是與不是 外淸淨 內淸淨[317] 內外淸淨 外空內空[318] 當體卽空 未有天地先有此空 太上云 有物混成 先天地生 又云 無名天地之始 有名萬物之母 視之不見 聽之不聞 搏[319]之不得 迎之不見其首 隨之不見其後 五目不覩其蹤 二聽絶聞其響 川老云 堂堂大道 赫赫分明 人人本具 箇箇圓成 只<祇?>因差一念 現出萬般形 六祖云 我有一物 上拄天 下拄地 無人識得 若親見一面 超過佛祖 出三界 不墮輪迴 爲人自肯自信 自能保養[320] 得無碍法 決定無礙 理會麽 扯破慢天網 去了當頭[321]

虛空難著物 有甚罣與礙

---

314) 依此般若波羅蜜多脩行卽得心無罣礙가 제2본에는 없다.
315) 法이 제2본에는 界이다.
316) 示가 제2본에는 爾이다.
317) 外淸淨 內淸淨이 제2본에는 없으므로 이에 따라서 번역한다.
318) 外空內空이 제2본에는 內空外空이다.
319) 搏이 제2본에는 搏이므로 이에 따라서 번역한다.
320) 自能保養이 제2본에는 없다.
321) 頭召가 제2본에는 道石이고, 이후에 以是無遮擋 今日纔出期의 대목이 있다.

打破沐<漆?>桶底 便見觀自在

42. 심무가애(心無罣礙)

이 반야바라밀다에 의지하여 수행하면 곧 마음에 걸림이 없는 경지를 터득하는데, 그것은 다음과 같다. 진공의 오묘한 도리를 깨쳐서 태허처럼 확철하고 청정본연하며 늘상 자재하다.

선사(仙師)는 말한다.

"마음이 허공과 같으니 일물에도 물들지 않는다."

불교에서는 말한다.

"마음은 허공과 똑같은 존재로서 心同虛空法

 허공과 동일한 제법을 보인다네 示等虛空法

 그러므로 허공을 증득할 경우엔 證得虛空時

 바른 도리 및 그른 도리가 없다 無是無非法"

이미 허공과 더불어 혼연일체가 되었는데 거기에 무슨 옳다 그르다 하는 차별이 있겠는가. 안과 밖으로 청정하고 밖이 공하고 안이 공하므로 당체가 그대로 공하다. 하늘과 땅이 존재하기 이전부터 이 공은 있었다.

태상노군은 말한다.

"어떤 일물이 혼돈상태로 있었는데 그것은 하늘과 땅이 발생하기 이전이었다."

또 말한다.

"명칭이 없는 상태는 하늘과 땅의 시초이고, 명칭이 있는 상태는 만물의 어머니이다."

그래서 그 일물은 보려고 해도 볼 수가 없고, 들으려고 해도 들을 수가 없으며, 잡으려고 해도 잡을 수가 없다. 그것을 앞에서 맞이해도 머리를 볼 수가 없고, 그것을 뒤에서 따라가도 그 뒷모습을 볼 수가 없다. 다섯 개의 눈[322]으로도 그 종적을 볼 수가 없고, 두 귀로 그 소리를 들을 수가 없다."

야보도천은 말한다.

"지기와 기백이 당당한 대도는　堂堂大道

　밝고 밝고 분명하고 분명하여　赫赫分明

　모든 사람에게 갖추어져 있고　人人本具

　낱낱이 원만히 성취되어 있네　箇箇圓成

　그렇지만 한 찰나만 어긋나도　祇因差一念

　온갖 번뇌와 망상 드러난다네　現出萬般形"[323]

　육조혜능(六祖慧能)[324]은 말한다.

"우리가 지니고 있는 그 일물은 위로는 하늘을 떠받치고 아래로는 땅을 지탱한다. 그러나 그것을 이해하는 자가 아무도 없다."

만약 그 일물을 한번 친히 본다면 부처와 조사를 초과하고 삼계를 벗

---

322) 肉眼 · 天眼 · 慧眼 · 法眼 · 佛眼을 가리킨다.

323) 야보의 게송15.

324) 六祖慧能은 曹溪慧能(638-713)으로서 중국선종의 제6대 조사이다. 성은 盧씨이고 광동성 新州에서 태어났다. 24세 때 홍인에게 출가하여 정법안장을 계승하였다. 39세 때 중국선종의 제6대 조사로 등극한 이후 약 76년에 걸친 교화를 하고 713년에 입적하였다. 당 헌종은 816년에 大鑑禪師라는 시호를 내렸다. 송 태종은 978년에 大鑑眞空禪師라는 시호를 내렸고, 송 인종은 1032년에 大鑑眞空普覺禪師라는 시호를 내렸으며, 송 신종은 1082년에 大鑑眞空普覺圓明禪師라는 시호를 내렸다. 그 설법집은 『壇經』이라는 이름으로 널리 유통되었다.

어나며 윤회에 떨어지지 않고, 남에게는 스스로 수긍하고 스스로 믿으며 스스로 보양하여 무애법을 터득하여 결정코 무애가 없도록 해준다.

이런 도리를 이해하였는가.

하늘 뒤덮은 그물일랑 찢어버렸는데

바로 앞에서 부르는 소리 어디 갔나

허공에는 일물도 두기 어려운데　虛空難著物

장애되는 것일랑 어디 있겠는가　有甚罣與礙

까만 칠통 깡그리 타파해버리니　打破漆桶底

곧 관자재보살이 눈앞에 보이네　便見觀自在

無罣礙

想念不斷謂之罣 著境不回謂之礙 重說無罣礙者[325]　内外清淨 諸緣脫洒也 如麗天杲日 光滿大千 無所不照 一切虛妄境界 總無罣礙 東去無窮 西去無極 縱橫自在 幻境不能所拘 本源自性天眞 長劫不壞之體 無去無來 無變無異 要見長劫不壞之體麼[326] 霧散暘[327]初見 塵盡鏡自明

本來空沒礙 著相自家迷

若人回得轉 僊[328]佛一般齊

---

325) 想念不斷謂之罣 著境不回謂之礙 重說無罣礙者가 제2본에는 없다.
326) 要見長劫不壞之體麼가 제2본에는 없다.
327) 暘이 제2본에는 日이다.
328) 僊이 제2본에는 仙이다.

43. 무가애(無罣礙)

　망상이 단제되지 않은 상태를 가리켜 가(罣)라 말하고, 경계에 집착하여 돌이키지 못하는 것을 가리켜 애(礙)라 말한다. 거듭 무가애(無罣礙)라 말한 것은 안과 밖에 청정하고 모든 반연을 말끔하게 벗어나서 마치 맑은 하늘에 높이 뜬 태양의 광명이 삼천대천세계에 가득하여 비추지 않은 곳이 없듯이 일체의 망상경계에 전혀 걸림이 없기 때문이다. 그래서 동쪽으로 가도 끝이 없고, 서쪽으로 가도 끝이 없으며, 종으로도 또 횡으로도 자재하여 허깨비 같은 경계에도 구속되지 않는다. 본원의 자성은 천진하여 영겁토록 파괴되지 않는 본체로서 가는 것도 없고 오는 것도 없으며 변화도 없고 달라짐도 없다.

　요컨대 영겁토록 파괴되지 않는 본체를 보고자 하는가.

　안개가 흩어지면 반짝거리는 태양이 보이고

　먼지가 사라지면 거울이 저절로 밝아진다네

본래부터 공하여 구애됨이 없지만　本來空沒礙

형상에 집착하여 자기에 미혹하네　著相自家迷

어떤 사람이든 마음을 돌이킨다면　若人回得轉

부처님과 어깨를 나란하게 한다네　儼佛一般齊

故

故之一字 圓滿[329] 極則亦是眞常之理 不可言說 因說不得 故曰故 金剛經云
無法可說 是名說法 儒云 道本無言 言生理喪[330] 仙師云 道難說[331] 須當自
悟 且道如何得悟 咦[332] 一撞金鐘響 驚醒夢中人[333]
眞常圓滿極則故 到處周圓難染活<汚?>
應變隨機有萬千 坦蕩逍遙常獨步

44. 고(故)

고(故)라는 한 글자는 곧 원만(圓滿)하고 극칙(極則)이며 또한 진상(眞相)
의 도리로서 언설로 표현할 수가 없다. 설명이 불가능함을 말미암은 까
닭에 故라 말한다.

『금강경』에서는 말한다.

"설한 법이 없는데, 이것을 설법이라 말한다."[334]

유교에서는 말한다.

"깨침에는 본래 언설이 없다. 언설이 발생하면 도리가 사라진다."

선사(仙師)는 말한다.

"깨침은 본래 설할 수가 없다. 모름지기 스스로 깨쳐야 한다."

---

329) 圓滿이 제2본에는 是圓滿之義이다.
330) 言生理喪이 제2본에는 開口失理이다.
331) 道難說이 재2본에는 道本難說이므로 이에 따라서 번역한다.
332) 且道如何得悟 咦가 제2본에는 없다.
333) 驚醒夢中人이 제2본에는 高樓送鼓聲이다.
334) 『金剛般若波羅蜜經』, (大正新脩大藏經8, p.751下)

자, 말해 보라. 어찌해야 깨칠 수가 있는가.

이(咦)!!

한 번 두드리니 금으로 만든 종소리가

꿈을 꾸고 있는 사람을 놀래켜 깨우네

진상이고 원만하며 극칙인 까닭에	眞常圓滿極則故
도처에 편만해도 오염됨이 없다네	到處周圓難染汚
갖가지로 근기마다 응하여 변해도	應變隨機有萬千
탕탕하게 언제나 혼자서 소요하네	坦蕩逍遙常獨步

無有恐怖

旣心無罣礙 眞常自然圓滿 更有甚麽恐怖之心 若到此地 悟得性空 東西不辨 南北不分 不被明暗所瞞 不被坊隅所當 不被陰陽所拘 不被造化所役 似此有甚憂苦可怕 有甚生死可怖 不與萬法爲伴 當[335] 自獨行獨步 上天仰之無窮 入地去之無極 山河石壁 地水火風 於此往來 總無罣礙 側掌行千里 回程轉似飛 天地莫能拘 鬼神莫能測 喚作自在[336]大覺金仙 要見自在金仙麽[337] 不須覓火把燈尋 渴飮饑[338]飡常對面

去來自在任優游 也無恐怖也無愁

---

335) 當이 제2본에는 常이므로 이에 따라 번역한다.
336) 自在가 제2본에는 없다.
337) 要見自在金仙麽가 제2본에는 何者是이다.
338) 饑가 제2본에는 飢이다.

幻化境中留不住 獨行獨步是瀛洲

45. 무유공포(無有恐怖)

이미 마음에 걸림이 없어서 진상이고 자연이며 원만한데 다시 무슨 공포심이 있겠는가. 만약 이와 같은 경지에 도달하여 자성이 공함을 깨치면 동과 서에 분별이 없고 남과 북에 차별이 없으며, 밝음과 어둠에 속지 않고 구역[坊隅]에 국한되지 않으며, 음과 양에 구속되지 않고 조화의 부림을 당하지 않는다. 이러할진댄 어디에 두려워할 만한 근심과 고통이 있고 어디에 생과 사의 공포가 있겠는가.

만법과 더불어 뒤섞이지 않고 늘상 자기 홀로 행동하고 홀로 걷는다. 그래서 하늘에 올라가서 우러러보아도 끝이 없고 땅에 들어가서 내려가 보아도 끝이 없으며, 산과 물과 석벽과 지·수·화·풍이 여기에 왕래하더라도 전혀 걸림이 없다. 또한 손바닥을 기울이는 찰나에 천 리를 달려가고 가던 길을 돌아오는 길도 하늘을 나는 듯이 돌이키며, 하늘과 땅도 그것을 구속하지 못하고 귀신도 헤아릴 수가 없다. 이것을 가리켜 자재한 대각금선이라 일컫는다.

자재한 부처님[大覺金仙]을 친견하고자 하는가.

자기의 손에 등불을 들고 있으면서 불을 딴 데서 찾지 말라

갈증나면 물마시고 배고프면 밥먹는 곳에 늘상 나타나 있네

오고 감에 자재하고 마음대로 노닐자니	去來自在任優游
그 어디에 공포와 근심걱정이 있겠는가	也無恐怖也無愁
꿈같은 경계이지만 거기에 집착이 없고	幻化境中留不住

홀로 행동하고 걸으니 그것이 영주라네   獨行獨步是瀛洲[339]

遠離顚倒夢想

若罣礙無恐怖絶 自然遠離顚倒夢想 仙師云 日間無想念 夜後少夢寐 釋云
夢因想生 想因念起[340] 世人只知合眼有夢 不識開眼也有夢 如何是開眼有
夢 先<仙?>師有[341]云 假饒[342]金銀過北斗 大限來時一夢中 豈不是開眼也
做夢 若要夢覺 直待無常 方省生前所作所爲所愛所貪[343] 一切萬緣 盡是一
場春夢 只是自己一身也顧官<觀?>不得到 此省時晩矣 若是有智之人 忽
然自省自覺 無常到來 此貪欲愛樂 盡是輪迴之種 地獄之因 遠離顚倒 悟本
性空 卽知此自必無 古云 聖人無已[344] 無固 無必無我 無依無倚 無晦無明
無名無相 無强無弱 無穢無淨 無止無作 無任無滅 無默無言 絶思絶慮 一
切語言道斷 心行處滅 太上曰 實無所得爲化衆生 釋云 道妙幽微 不可得見
大顚云 死了燒了 無饑[345]無渴 無寒無熱 無起無倒 無坐無眠 無六根 無九
竅 無四百四病 無八萬四千蟲 永無顚倒夢想[346] 若不如是悟去 淸淨界中纏
一念 閻浮早通八千年 會得刹那間 不會塵沙劫 死死生生 展轉不覺 睡長夢

---

339) 瀛洲는 옛적부터 신선이 살고 있다는 동해 속에 있는 상상속의 蓬萊山·方丈山·瀛洲山
    가운데 하나로서 이상향 및 깨침의 고향을 가리킨다.
340) 念起가 제2본에는 夢生이다.
341) 有가 제2본에는 없다.
342) 饒가 제2본에는 若이다.
343) 所愛所貪이 제2본에는 所貪所愛이다.
344) 已가 제2본에는 意이다.
345) 饑가 제2본에는 飢이다.
346) 夢想이 제2본에는 없다.

而不醒 萬劫顚倒而無止 顚顚倒倒 死了又生 生了又死 夢醒又夢 睡覺又睡
迷中更迷 終無了期 若有人打得徹透得過 永免顚倒夢幻頓脫[347] 且道頓脫
了向甚處去 脫籠俊鶻撲天飛 一任諸人近不得[348]

日間無想夜無夢 不被顚倒境物弄

一拳打破上頭關 飜身直上朝元洞

46. 원리전도몽상(遠離顚倒夢想)

만약 걸림이 없어지고 공포가 단절되면 자연히 전도몽상은 멀리 벗
어나 있다.

선사(仙師)는 말한다.

"낮에 망상과 망념이 없으면 밤에 꿈이 없다."

불교에서는 말한다.

"꿈은 망상으로 발생하고 망상은 망념이 일어남을 말미암는다."

세간의 사람은 단지 잠을 잘 때에만 꿈이 있는 줄 알지 깨어 있을 때
에도 또한 꿈이 있는 줄은 알지 못한다. 깨어 있을 때에 꿈이 있다는 것
은 어떤 경우인가.

선사(仙師)는 말한다.

"가령 금과 은이 북두성보다 높이 쌓여있더라도 죽음에 이르는 때면 일
개 꿈일 뿐이다."

이것이 어찌 깨어 있을 때에도 또한 꿈을 꾸는 경우가 아니겠는가.

---

347) 夢幻頓脫이 제2본에는 也이다.
348) 且道頓脫了向甚處去 脫籠俊鶻撲天飛 一任諸人近不得이 제2본에는 없다.

만약 꿈에서 깨어나고자 하면 곧장 무상을 기다려야 한다. 그래야만 바야흐로 생전에 지었던 의도적인 행위와 무심한 행위와 애욕과 탐욕 등 일체의 온갖 반연이 모두 일장춘몽이었고, 단지 자기의 일신마저도 또한 돌아볼 수조차 없다는 것을 반성하게 된다. 그러나 반성했을 때는 이미 늦어 있다.

　그러나 만약에 지혜가 있는 사람이라면 무상이 도래했을 때 그 탐욕과 애락은 모두 윤회의 종자이고 지옥의 원인임을 홀연히 자성(自省)하고 자각(自覺)하여, 멀리 전도를 벗어나서 본성이 공함을 깨쳐서 그 자체가 필경에 없는 줄을 안다.

　고인은 말한다.

"부처님에게는 단정적인 끝이 없고 불변의 고정됨이 없으며, 필연적인 운명이 없고 실체의 아(我)가 없으며, 요령에 의탁함이 없고 우연에 기대는 것이 없으며, 절대적인 어둠이 없고 절대적인 밝음이 없으며, 국한된 명칭이 없고 국한된 모습이 없으며, 영원한 강함이 없고 영원한 약함이 없으며, 본래의 더러움이 없고 본래의 청정함이 없으며, 의지[止]가 없고 조작[作]이 없으며, 주재[任]가 없고 소멸[滅]이 없으며, 침묵이 없고 언설이 없으며, 분별사량을 단절하고 분별사려를 단절하여 일체의 언어로 말할 수가 없고 마음도 둘 곳이 없다."

　태상노군은 말한다.

"실제로 무소득이어야 중생을 교화할 수가 있다."

　불교에서는 말한다.

"깨침은 오묘하고 유현하며 미묘하여 눈으로 볼 수가 없다."

　대전화상은 말한다.

"죽어서 불에 타고나면 굶주림도 없고 목마름도 없으며, 추위도 없고 더위도 없으며, 일어남도 없고 넘어짐도 없으며, 앉아있음도 없고 잠자는 것도 없으며, 육근도 없고 아홉 개의 구멍도 없으며, 사백사병도 없고 팔만사천의 벌레도 없으며, 영원히 전도몽상도 없다."

만약 이와 같은 도리를 깨치지 못한다면 청정법계의 찰나지간에 염부제의 팔천 년 세월이 휙 지나버린다. 그 도리를 알아차리면 찰나의 세월이다. 그러나 알아차리지 못하면 진사겁(塵沙劫)의 세월이 흐르도록 수없이 죽고 수없이 태어나도 전전(展轉)하면서 깨치지 못하여 기나긴 꿈속에 잠이 들어서 깨어날 줄 모르고 만겁토록 전도되어 그칠 날이 없으며, 수없이 전도되면서 죽었다간 또 태어나고 태어났다간 또 죽으며, 꿈에서 깨었다간 또 꿈꾸고 잠에서 깨어났다간 또 잠들며, 미혹한 가운데서 또 미혹하여 영원히 그칠 기약이 없다. 그렇지만 어떤 사람이 철저하게 깨치면 영원히 전도(顚倒)를 벗어나고 완전히 몽환(夢幻)을 벗어난다.

자, 말해 보라. 완전히 벗어난 후에 어디로 가는가.

새장을 벗어난 새매가 하늘로 높이 날아오르면

그대로 내맡겨두고 아무도 가까이 하지 않는다

낮에 망상이 없으면 곧 밤에 꿈이 없어　　日間無想夜無夢

전도된 경계의 사물에 농락당하지 않네　　不被顚倒境物弄

한주먹에 최상의 관문 완전히 타파하면　　一拳打破上頭關

범부의 몸을 바꿔서 조원동에 올라가네　　飜身直上朝元洞[349]

---

349) 朝元洞은 중국 나부산에 있는 험난한 지역을 가리킨다.

究竟涅槃

究者[350] 反自窮究己身 盡是虛假 一日無常 盡皆敗壞 難以留戀<變?> 如是
究竟則何矣 本來無此四大 因世人皆執有身 迷己逐物 棄親向疎 認賊爲子
妄將四大六根爲實 作種種業 受種種苦 輪迴萬劫 不覺不知 不能解脫 默然
自省 於[351] 此日夜不離當念 自覺自照 細細參究 此六根五蘊 從塵劫已來 本
自無有名相 皆不可得 亦無成僊成[352] 佛 亦無六道四生 種種皆不可得 老[353]
者盡也 到這裡 一槩平等 盡底掀翻 萬緣頓息 餘[354] 外無餘 川老云 如斬一
握絲 一斬一齊斷 又云 一拳打破<倒=>化城關 一脚趯<踢=>翻玄妙塞 南
北東西任往來<信步行=> 休覓大悲觀自在 大顚云 離四句絶百非 知見無
見斯到涅槃 且涅槃無<無-?>生[355] 非死也 乃是寂滅無生無死之謂也 太上
云 湛然常寂 佛經云 生滅滅已 寂滅爲樂 寂者 寂然不動 滅者 諸法不生 實
無生死也 且道 無生無死底[356] 怎生模樣 咄[357] 莫聽聲不是相 識得虛空還
一樣

究竟自身元不有 便須放下莫愚痴

涅槃路上無朋伴 大道無人我是誰

---

350) 究者가 제2본에는 없다.
351) 於가 제2본에는 如이다.
352) 僊成이 제2본에는 仙作이다.
353) 老가 제2본에는 竟이므로 이에 따라서 번역한다.
354) 餘가 제2본에는 內이므로 이에 따라 번역한다.
355) 生이 제2본에는 者이므로 이에 따라 번역한다.
356) 底가 제2본에는 없다.
357) 咄이 제2본에는 없다.

47. 구경열반(究竟涅槃)

구(究)란 자기를 돌이키는 것이다. 자기를 궁구해보면 모든 것이 허가 (虛假)이고, 나날이 무상하여 모든 것이 파괴되는데, 그것을 머물러두거 나 변화시킬 수가 없다. 이와 같을진댄 구경이란 곧 무엇인가. 본래 이 사대가 없지만 세간의 사람들은 모두 몸이 있다고 집착하기 때문에 자 기에 미혹하고 경계를 따라간다. 그래서 친근해야 할 것을 버리고 소 원해야 할 것을 취향해서 도적을 자식으로 인식하고, 허망하게도 사대 와 육근을 실제로 간주하며, 갖가지 업을 짓고 갖가지 고통을 받아서 만겁토록 윤회하면서 느끼지도 못하고 알지도 못하여 끝내 해탈하지 못한다. 그러나 조용히 자성하면서 이에 밤낮으로 자성하는 그 마음[當 念]을 떠나지 않고 자각하고 자조하여 섬세하게 참구해 보면, 이 육근 과 오온은 진겁 이래로 본래부터 명칭과 형상이 없어서 모두 불가득이 고, 또한 선인(仙人)이 되는 것도 없고 부처가 되는 것도 없으며, 또한 육도와 사생도 없어서 갖가지가 모두 불가득이다.

경(竟)이란 끝이 난다는 뜻이다. 그러한 경지에 도달하면 일체가 평등 하여 밑바닥까지 뒤집어지고 온갖 반연이 완전히 그치며 안과 밖에 말 미가 없다.

야보도천(冶父道川)은 말한다.

"한 타래의 실을 자르는 경우처럼 한 번 자르면 전체가 잘린다."[358]

또 말한다.

"한주먹에 화성의 관문을 타파하고   一拳打破化城關

---

358) 야보의 게송64 앞의 著語.

한발에 드높은 성채를 뛰어오르네   一脚趯翻玄妙塞

동서남북으로 마음대로 오고 가니   南北東西任往來

대비관자재를 애써서 찾으려 말라   休覓大悲觀自在"[359]

　　대전화상은 말한다.

"사구를 벗어나고 백비를 단절하여 보되 보는 것이 없는 줄 알면 그것
이 열반에 도달하는 것이다."

　　또한 열반이란 죽음이 아니다. 이에 적멸(寂滅)이고 무생(無生)이며 무
사(無死)를 일컫는 말이다.

　　태상노군은 말한다.

"담연하여 늘상 고요하다."

『열반경』에서는 말한다.

"발생 및 소멸이 사라지고나면   生滅滅已

그것이 곧 적멸의 즐거움이다   寂滅爲樂"[360]

　　적(寂)은 고요하여 움직임이 없는 것이고, 멸(滅)은 제법이 발생하지
않는 것으로서 실로 생과 사가 없는 것이다.

　　자, 말해 보라. 발생이 없고 죽음이 없는데 어찌 모양이 생겨나겠는가.

　　돌(咄)!!

---

359) 야보의 게송64. 『金剛經註』, (卍新續藏24, p.552下) 비교참조. 한주먹에 화성의 관문을
　　　타도하고   一拳打倒化城關   한발차기로 드높은 성채 뒤엎으며   一脚踢翻玄妙塞
　　　동서남북으로 마음대로 오고 가니   南北東西信步行   대비관자재를 애써서 찾으려 말라
　　　休覓大悲觀自在   대승인과 최상승인을 위해 설하니   大乘說最上乘說   한 방 때리면
　　　하나의 흔적이 남고   一棒一條痕   한 주먹 치면 하줌의 피가 흐르네   一掌一握血
360) 『大般涅槃經』卷14, (大正新脩大藏經12, p.451上)

소리를 듣는 것도 형상 아닌 것이 없고
허공도 또 그와 똑같은 모습인 줄 알라

구경에는 자기의 몸도 원래 있지 않으니	究竟自身元不有
곧바로 내려놓으면 어리석음조차 없다네	便須放下莫愚痴
열반으로 가는 길에는 도반도 따로 없고	涅槃路上無朋伴
대도에는 나와 남 없는데 이게 무엇인가	大道無人我是誰

三世諸佛

大顚云 過去莊嚴劫一千佛 未來星宿劫一千佛 現在賢[361]劫一千佛 三世三
千佛 更有窮劫佛不可說 不可說 數量不可盡 此諸佛皆從脩證所得 川老云
種瓜得瓜 種菓得菓 又云 一佛二佛千萬佛 各各眼橫兼鼻直 昔年曾<親=>
種善根來 今日依前得渠力 道經云 種蘭得香 種粟得粮 爲善降祥 作[362]惡降
殃 且三世諸佛 不脩不得成 人身中亦有如此諸佛 變化不一 因習氣所昧 境
物所障 自家迷了 却不認得 若於心無心 便是過去佛 寂然不動 便是未來佛
應物不昧隨機又[363] 便是現在佛 淸淨無染 便是離垢佛 出入無礙 便是神通
佛 到處優游 便是自在佛 一心不昧 便是光明佛 道念堅固 便是不壞佛 各
各諸佛自身俱有 說亦不能盡 變化多般 惟一眞耳 但去靜坐觀[364] 過去現在

---

361) 賢이 제2본에는 賢聖이다.
362) 作이 제2본에는 爲이다.
363) 應物不昧隨機又가 제2본에는 隨機接人이다.
364) 但去靜坐觀이 제2본에는 없다.

未來³⁶⁵⁾ 皆同一體 如虛空 不異相 不自相 不他相 非無相 非取相 不此岸 不
彼岸 不中流 觀其寂滅 永不斷滅 若人於³⁶⁶⁾此頓悟 直下承當 迢迢空劫 盡
在如今 放光動地 人法俱忘 不見有過去未來現在 究竟到盡無盡地 卽是空
空 我無我我 我尙不可得 空色亦無 三世自空 非識不<所?>滅 識性自空
前際後際中際亦空 不落空見 要見三世諸佛麼 咄³⁶⁷⁾ 沿河休害<言?>渴
把餠莫言饑³⁶⁸⁾

過去未來幷現在 近在人身人自昧

千變萬化少人知 混合虛空成一塊

48. 삼세제불(三世諸佛)

대전화상은 말한다.

"과거의 장엄겁에 천 명의 부처님이 있고

미래 성수겁에 천 명의 부처님이 있으며

현재의 현겁에 천 명의 부처님이 있어서

삼세에 걸쳐 삼천 명의 부처님이 있다네

그리고 또 궁겁토록 많은 부처님 있는데

말로 설할 수가 없고 또 설할 수 없어서

그 수량을 모두 헤아리려해도 끝이 없네"

삼세의 그 모든 부처님들은 다 수행하고 증득하여 터득한 것이다.

---

365) 過去現在未來가 제2본에는 過去未來現在이다.
366) 於가 제2본에는 如이다.
367) 咄이 제2본에는 없다.
368) 饑가 제2본에는 飢이다.

야보도천은 말한다.

"오이를 심으면 오이를 거두고 種瓜得瓜

 과일을 심으면 과일을 거두네 菓種菓得"369)

　또 말한다.

"한 부처님 두 부처님 또 천만 부처님　一佛二佛千萬佛

 모두가 눈은 가로이고 코는 세로라네　各各眼橫兼鼻直

 지난 생에 일찍이 선근을 심어뒀으니　昔年曾種善根來

 이제 전생을 의지해 거력을 얻었다네　今日依前得渠力"370)

　도교의 경전에서는 말한다.

"난초를 심으면 향기가 나고

 벼를 심으면 곡식을 거둔다

 선업을 하면 복덕이 내리고

 악업을 하면 재앙이 내리네"

　또 삼세의 제불도 수행이 없이 성취된 적은 없다. 사람의 몸 가운데에도 또한 그와 같은 제불이 들어 있어서 신통변화도 하나가 아니다. 그러나 습기를 인유하여 어두워지고 경계 때문에 장애가 되어 자신이 미혹해졌지만 도리어 그런 줄조차 모른다. 그러나 만약 마음이 무심하면 곧바로 그것이 과거불이고, 고요하여 움직임이 없으면 곧바로 그것이 미래불이며, 중생을 대해도 어둡지 않게 근기를 따르면 또한 곧바로 그것이 현재불이고, 청정하여 오염이 없으면 곧바로 그것이 이구불이

---

369) 야보의 게송21 앞의 著語.

370) 야보의 게송21. 渠力은 佛力을 가리킨다.

며, 들고 남에 걸림이 없으면 곧바로 그것이 신통불이고, 도처에서 잘 노닐면 곧바로 그것이 자재불이며, 일심이 어둡지 않으면 곧바로 그것이 광명불이고, 깨치려는 마음이 견고하면 곧바로 그것이 불괴불이다. 이와 같이 각각의 제불이 자기의 몸에 갖추어져 있지만 또한 말로 다 설할 수가 없고, 신통변화가 다양하지만 오직 진실은 하나일 뿐이다.

그러나 무릇 고요하게 앉아서 그 몸을 관찰해보면 과거와 현재와 미래가 모두 동일한 본체로서 마치 허공과 같아서 변이하는 모습[異相]도 없고 자체의 모습[自相]도 없으며 다른 모습[他相]도 없고 텅빈 모습[無相]도 없고 취해야 할 모습[取相]도 없으며 차안(此岸)도 없고 피안(彼岸)도 없으며 중류(中流)도 없다. 그리고 그 몸이 적멸함 관찰해보면 영원히 단멸도 없다.

어떤 사람이 여기에서 그것을 돈오하여 곧바로 이해하면 아득한 공겁도 모두 지금 여기에서 광명을 내고 땅을 진동시키고, 인(人)과 법(法)을 모두 잊어서 과거와 미래와 현재가 있음을 보지 않으며, 구경에 다하지만 다함이 없는 경지에 도달하는데 곧 그것이 공공(空空)이다. 이에 아(我)도 무아의 아(我)로서 아(我)도 오히려 불가득(不可得)이고, 공과 색도 또한 무(無)로서 삼세가 본래부터 공이며, 식(識)도 소멸된 것이 아니라 식의 자성이 본래부터 공하고, 전제와 후제와 중제도 또한 공이지만 공이라는 견해에 떨어지지 않는다.

요컨대 삼세제불을 친견하고자 하는가.

돌(咄)!!

물을 따라가면서 목마르다 말하지 말고

떡을 지니고서도 배고프다 말하지 말라

과거와 현재 그리고 미래의 삼세가 모두　過去未來幷現在
우리 몸의 주변에 있지만 사람이 모르고　近在人身人自昧
천 번 만 번 변해도 아는 사람이 없다네　千變萬化少人知
그저 허공과 뒤섞여 한 덩어리일 뿐이네　混合虛空成一塊

依般若波羅蜜多故

脩行人 須要智慧 百種方便 去無始劫來習性 調和成一眞之性 而登彼岸 若
不見性 卒難成就 此句是三世諸佛之母 十方諸佛依此脩行 果行圓滿成等
正[371]覺 若離此句修行 雖經多劫 久守勤苦 望成大道者鮮矣 屬小乘法 墮在
聲聞緣覺辟支佛 鬼仙人儒[372]地仙有爲之法 終不成就一切聖果 須當精進
存有能所 依般若波羅蜜多法 得無上正眞之道 唯此一事 若別脩行 過此法
者 無有是處 此是敎外別傳 此法親見自性方乃傳授 千聖不傳 自悟自信 不
容授記 圓頓之位 獨孤標法 叅善知識 求問至人 憑師指示 有緣契悟 圓頓
敎沒人情 若有私心傳授 是外道法 有分咐 有傳授 有得卽有失 有敎有授
盡是外道邪見 生死根本 仙師云 法有三千六百門 修行路徑此爲眞[373] 須知
有箇玄微處 不在三千六百門 仙佛祖師自修自證 本無語句 亦無一法與人
若有一法授記 不名釋迦 不喚道人 道本無言 只是敎人自脩自悟 說著不眞
除非自見 見無可見[374] 若被人敎壞 急須吐去 大凡爲人 須從自己流出無價

---

371) 正이 제2본에는 없다.
372) 儒이 제2본에는 仙이므로 이에 따라 번역한다.
373) 修行路徑此爲眞이 제2본에는 直이다.
374) 除非自見 見無可見이 제2본에는 없다.

寶珠[375] 用之無盡 上根之人 一聞千悟 具大總持 中下之機 多聞多不信 太
上云 上士聞道 勤而行之 中士聞道 若存若亡 下士聞道 大笑之 此乃難信
之法 希有之事　理會麼 世人只知隨影轉不知離影到家鄉 嗄[376]
脫落衣裳見本形 寸絲不掛得安寧 若人要趂渾身影 便向無陰樹下行

49. 의반야바라밀다고(依般若波羅蜜多故)

수행인이라면 모름지기 지혜가 요구된다. 온갖 방편으로 무시겁래
(無始劫來)의 습성을 제거하고, 조화로써 일진(一眞)의 자성을 성취하
여 피안에 올라야 한다. 만약 견성하지 못한다면 끝내 지혜를 성취하
지 못한다. 이 반야바라밀다라는 구절은 삼세제불의 어머니로서 시방
의 제불도 이 반야바라밀다에 의지해서 수행하여 과행이 원만해지고
등정각을 성취하였다.

만약 이 반야바라밀다의 구절을 떠나서 수행한다면 비록 다겁이 지
나도록 오랫동안 근행과 고행을 유지한다 해도 대도의 성취를 기대할
수 있는 사람이 거의 없고, 소승법에 속하게 되어 성문과 연각과 벽지
불과 귀선(鬼仙)과 인선(人仙)과 지선(地仙)에 떨어져서 끝내 일체의 성과
(聖果)를 성취하지 못한다. 왜냐하면 모름지기 정진에 있어서 능소의 분
별심을 두었기 때문이다. 그러므로 반야바라밀다법에 의지하여 무상
정진지도(無上正眞之道)를 터득하는 것은 오직 이 한 가지 뿐이다.

만약 다른 수행으로서 이 반야바라밀다를 능가한다는 것은 결코 있

---

375) 無價寶珠가 제2본에는 無量大義이다.
376) 理會麼 世人只知隨影轉不知離影到家鄉 嗄가 제2본에는 없다.

을 수 없는 일이다. 이것이 곧 교외별전이다. 때문에 이 반야바라밀다법은 친히 견자성(見自性)해야만 바야흐로 전수하는 것이지 그렇지 못하면 천 명의 부처가 출현해도 전수할 수가 없다. 이에 스스로 깨치고 스스로 믿어야 하는 것으로서 수기를 통해서 받을 수 있는 것이 아니다. 원돈의 근기만이 홀로 법을 드러낼 수 있다고 하더라도, 반드시 선지식(善知識)에게 참문하고 지인(至人)에게 추구하여 물으며 스승에게 의지하여 지시(指示)를 받아야만 깨침에 계합되는 인연이 있을 것이다.

그러나 원돈의 가르침은 사사로운 인정을 두지 않기 때문에, 만약 사심을 가지고 전수한다면 그것은 외도법일 뿐이다. 그래서 분부가 있다든가 전수가 있다든가 소득이 있다면 그것은 곧 잘못된 것으로 가르쳐주는 것[教]이 있다든가 받는 것[授]이 있는 것은 모두 외도의 사견이고 생가 사의 근본이다.

선사(仙師)는 말한다.

"불법에는 삼천 육백 가지의 수행문이 있지만 수행의 지름길은 이 반야바라밀다가 진실이다. 그러므로 모름지기 알아야 한다. 곧 현현하고 미묘한 도리가 있는데 그것은 삼천 육백 가지의 수행문에는 없다."

부처님[仙佛]과 조사들은 스스로 수행하였고 스스로 증득하였을 뿐 본래 어구가 따로 없고 또한 남에게 전해줄 그 어떤 법도 없다. 만약 어떤 불법(佛法)으로 수기를 하였다면 그것은 석가라 말할 수도 없고 깨친 사람이라 부를 수도 없다. 깨침에는 본래 언설이 없다. 다만 남들에게 스스로 수행하고 스스로 증득케 해주려고 설법했을 뿐이지 언설 자체가 진실은 아니다. 스스로 본 것이 아닌 것을 제거하고나면 그동안 보지 못했던 것을 보게 된다.

그러므로 만약 남의 가르침 때문에 병이 들었다면 서둘러서 반드시 토해버려야 한다. 무릇 남을 위하려거든 반드시 자기에게서 무가보주(無價寶珠)를 꺼내야만 그것을 끝없이 활용할 수가 있다. 상근기의 사람이라면 하나를 들으면 천 가지를 깨쳐서 대총지(大總持)를 갖추겠지만, 중하근기의 사람은 많이 듣고도 믿지 못한다.

태상노군은 말한다.

"상사는 깨침에 대하여 들으면 부지런히 그것을 실천하고, 중사는 깨침에 대하여 들으면 기억하기도 하고 잊어버리기도 하며, 하사는 깨침에 대하여 들으면 그것을 크게 비웃어버린다."

이 반야바라밀다는 믿기 어려운 깨침이고[法] 희유한 가르침이다.[事] 이러한 도리를 알겠는가.

세간인들은 단지 그림자를 따라 유전할 줄만 알지
그림자를 떠나 자기의 고향에 도달할 줄은 모른다
사(嗄)!!

옷을 벗어버리니 본래모습이 보이고　脫落衣裳見本形
실 한 가닥 걸치지 않으니 편안하네　寸絲不掛得安寧
혼신의 그림자를 벗어버리고 싶거든　若人要越渾身影
곧장 그늘이 없는 나무 밑으로 가라　便向無陰樹下行

得阿耨多羅三藐三菩提

此是[377] 西天梵語也 阿言無 耨多羅言上 三藐言正 三菩提言眞[378] 東土翻爲
正眞[379] 又云 成等正覺 此四箇字 須是親見 古云 見道方脩道 不見復何脩
一大藏經 說此四字不能盡 諸佛亦說不盡 三敎聖賢皆脩此四箇字 盡歸聖
道 成等正覺 今人若能依此般若波羅蜜多 三藐三菩提法脩行 廓然頓悟 親
見無上正眞[380] 自知當來[381]仙佛 直超聖果 要見無上正眞麼 頭頭顯露 物物
周圓[382]

妙道虛空是祖宗 分明應化不相同[383] 若人悟得[384]眞常道 便識[385]從前舊主公

50. 득아뇩다라삼먁삼보리(得阿耨多羅三藐三菩提)

　이것은 서천의 범어이다. 아(阿)는 무(無)라는 말이고, 뇩다라(耨多羅)는
상(上)이라는 말이며, 삼먁(三藐)은 정(正)이라는 말이고 삼보리(三菩提)는
진(眞)이라는 말이다. 동토의 말로 번역하면 정진(正眞)이고, 또한 성등
정각(成等正覺)인데 이 네 글자는 반드시 몸소 보아야 한다.

　고인은 말한다.

---

377) 此是가 제2본에는 없다.
378) 阿言無 耨多羅言上 三藐言正 三菩提言眞이 제2본에는 阿耨言無 多羅言上 三藐言甚
　　三菩提言深이다.
379) 正眞이 제2본에는 無上甚深이다.
380) 正眞이 제2본에는 甚深이다.
381) 來가 제2본에는 作이므로 이에 따라 번역한다.
382) 要見無上正眞麼 頭頭顯露 物物周圓이 제2본에는 없다.
383) 分明應化不相同이 제2본에는 分眞應化亦無窮이다.
384) 悟得이 제2본에는 肯悟이다.
385) 便識이 제2본에는 識得이다.

"깨침을 보아야만 바야흐로 깨침을 닦을 수 있다. 깨침을 보지 못하고서 다시 어떻게 깨침을 닦겠는가."

일대장경에서도 이 네 글자를 모두 설하지 못하였고, 삼세의 제불도 또한 다 설하지 못하였으며, 삼교의 성현들도 모두 이 네 글자를 닦아서 다 성도(聖道)에 돌아가 등정각(等正覺)을 성취하였다. 오늘날 사람도 만약 이 반야바라밀다에 의지하여 삼먁삼보리법을 수행하면 확연하게 돈오하고 몸소 무상정진(無上正眞)을 보아서 스스로 당래에 부처님[仙佛]이 되는 줄 알아서 곧바로 초월하여 성과(聖果)를 성취한다.

요컨대 무상정진(無上正眞)을 보고자 하는가.

온갖 행위에 그대로 드러나 있고

모든 사물에 골고루 펼쳐져 있네

오묘한 깨침과 허공은 곧 조사의 종지인데　　妙道虛空是祖宗
진신 응신 화신으로 나뉘어 서로가 다르네　　分明應化不相同
만약에 어떤 사람이 진상도를 곧 깨친다면　　若人悟得眞常道
종전의 옛날 주인공을 분명히 알게 되리라　　便識從前舊主公

故知般若波羅蜜多

因脩行 得見無上正眞[386]之道 知般若波羅蜜多之神力也 且過去諸佛慈悲

---

386) 正眞이 제2본에는 甚深이다.

憐[387]愍衆生 百種智慧方便之力 隨之<機?>利物 接引後來 設像[388]化人 使
泥塑木雕黃卷赤軸 說因說果 但以假名引導有情 將善惡報應之事 天堂地
獄之說 使人改惡向[389]善 離假歸眞 聲聞緣覺十聖三賢諸佛地位 次第接引
僊[390]師云 千里程途 逐步而進　釋云 千仞寶臺 非一坂而上 忽然自悟自見
本性 超過諸佛位次 一超直入如來地 若不見性 向外馳求 終不成就 悟有年
月有日有時 古云 學道先須有悟由 若無悟離文字 外行住坐臥火急自救一
同<日?>頓悟[391]　道云 千日學道 悟在一時 只這一時 便得輕快 諸上善人
同歸一處 若是學解 就古人唾津 盡是外道邪見 生死各路 隨業受報 不可共
語 豈不聞 須菩提塵點[392]劫前[393]脩行 直至釋迦會下 解空第一 方等會中金
剛[394] 請問四句偈 廓然頓悟 涕泪哭[395]泣 自歎云 前所得慧眼 未聞此經 三
世諸佛 皆從此經流出 如何是此經 看時[396]無一字 當處[397]放光明
不憑智慧渡深河 萬劫沉淪溺浪波 旣登彼岸歸眞道 何須更念薩婆訶

---

387) 憐이 제2본에는 怜이다.
388) 隨之利物接引後來設像이 제2본에는 없다.
389) 向이 제2본에는 從이다.
390) 僊이 제2본에는 仙이다.
391) 悟有年月有日有時 古云學道先須有悟由 若無悟離文字外行住坐臥火急自救一同頓悟가
　　제2본에는 없다.
392) 點이 제2본에는 없다.
393) 前이 제2본에는 以前이다.
394) 方等會中金剛이 제2본에는 智慧이다.
395) 哭이 제2본에는 悲이다.
396) 看時가 제2본에는 雖然이다.
397) 當處가 제2본에는 晝夜이므로 이에 따라 번역한다.

51. 고지반야바라밀다(故知般若波羅蜜多)

수행을 인유하여 무상정진도(無上正眞道)를 보고 반야바라밀다의 신통력을 알게 된다. 또 과거의 제불은 자비심으로 중생을 불쌍하게 여겨 갖가지 지혜력과 방편력으로 근기를 따라서 중생을 이롭게 하고, 후래에 그들을 접인하기 위해 형상을 만들어 사람들을 교화하였다. 진흙으로 소상을 만들고 나무를 조각상을 만들며, 종이로 책을 만들고 붉은 줄로 엮어서 인(因)을 설하고 과(果)를 설한 것은 무릇 가명(假名)으로 유정을 인도하기 위함이었다. 곧 선과 악의 응보에 대한 이야기 및 천당과 지옥의 설화를 가지고 사람들로 하여금 악을 고쳐서 선으로 향하고, 거짓을 버리고 진실로 돌아가도록 하여 성문과 연각과 십성과 삼현과 제불의 지위까지 차제로 접인하기 위한 것이었다.

선사(禪師)는 말한다.

"천 리의 여정도 마침내 한 걸음으로부터 나아간다."

불교에서는 말한다.

"천 길이나 되는 보배로 이루어진 누대를 전혀 어렵지 않게 올라가도록 해주기 위함이다."

홀연히 본성을 스스로 깨치고 스스로 본성을 보면 제불로 가는 위차를 초과하여 대번에 여래의 지위에 곧장 들어간다. 그러나 만약 본성을 보지 못하고 밖을 향해서 치구하면 끝내 깨침을 성취하지 못한다. 깨침에 어디 연월이 있고 날짜가 있으며 시간이 있겠는가.

용아거둔 선사는 말한다.

"반야를 배우려면 먼저 반드시 깨침의 인연[悟由]이 있어야 한다."[398]

만약 깨치지 못했거들랑 문자를 벗어나서 행·주·좌·와에 화급하게 스스로 깨침을 추구하면 어느 날 돈오할 것이다.

도교에서는 말한다.

"천 일 동안 도를 배워도

깨침은 찰나에 달려있다

그 같은 찰나지간이지만

경쾌한 마음을 터득하여

일체의 상선인과 더불어

동일한 곳으로 돌아가네"

만약 깨침이 억지로 배워서 이해하는 것이라면 고인이 뱉어놓은 침을 좇는 것으로 모두가 외도의 사견이므로 생과 사의 길이 다르고 업을 따라서 과보를 받기 때문에 더불어 말을 나눌 수가 없다. 어찌 들어보지 못했던가. 수보리는 진점겁 이전부터 수행하였지만 석가모니의 회하에 이르러서야 해공제일이 되었다. 그리고 방등법회 가운데『금강경』에서 청문하였는데 사구게(四句偈)를 통하여 확연히 돈오하였다. 그리고는 눈물과 콧물을 흘리면서 슬프게 울고는 스스로 찬탄하여 말했다.

"이전에 터득한 소승이 혜안으로는 일찍이 이 경전을 들어본 적이 없었습니다."[399]

---

398)『景德傳燈錄』卷29, (大正新脩大藏經51, p.453上)

399)『金剛般若波羅蜜經』, (大正新脩大藏經8, p.750上-中) "希有世尊 佛說如是甚深經典 我從昔來所得慧眼 未曾得聞如是之經" 참조.

삼세의 제불도 모두 이 경전에서 유출되었다는데, 이 『금강경』이란 과연 어떤 것인가.

볼 때는 한 글자도 보이지 않지만

늘상 거기에서 광명을 비추어준다

지혜에 의지하지 않고 깊은 물을 건넌다면　不憑智慧渡深河

곧 만겁토록 물에 빠져 허우적대고 만다네　萬劫沉淪溺浪波

피안에 이르러서 무상정진도에 돌아갔는데　旣登彼岸歸眞道

어찌 또 사바하를 염송할 필요가 있겠는가　何須更念薩婆訶

是大神呪

若會波羅蜜多 便見是大神呪 此神呪[400] 人人俱[401]有 不脩不見[402] 亦是[403] 衆生心地法門 有大神通[404] 道[405]云 心有主宰 萬邪難侵 儒云 心正可以辟 邪 度人經云 萬邪不干 神明護門　能驅邪立正 變死人作活人 改魔境爲仙 境 頭頭示現 物物全彰 信手拈來 百無妨礙 此大神呪 擧心動念 鬼神滅爽

---

400) 若會波羅蜜多 便見是大神呪 此神呪가 제2본에는 없다.

401) 俱가 제2본에는 具이다.

402) 不見이 제2본에는 難明이다.

403) 亦是 앞에 제2본에는 神呪가 있으므로 이에 따라 번역한다.

404) 通이 제2본에는 道이다.

405) 道가 제2본에는 通이다.

返本還源 外道魂驚 精靈伏罔[406] 此蜜呪也 識此呪麼[407] 神通幷妙用 何處
不相隨

有大威神力 伏劍邪魔息 何處不相隨[408] 同居人不識

52. 시대신주(是大神呪)

만약 바라밀다를 안다면 곧 이 대신주를 보게 된다. 이 신주는 사람
마다 갖추고 있지만 수행하지 않으면 보지 못한다. 신주는 또한 중생
의 심지법문으로서 대신통력이 들어있다.

도교에서는 말한다.

"마음에 주재자가 있으면 온갖 사마(邪魔)가 침범하지 못한다."

유교에서는 말한다.

"마음이 올바르면 사악한 것을 물리친다."

『도인경』[409]에서 말한다.

"온갖 사악한 것이 간섭하지 못하고 신명(神明)이 문호를 지켜준다."

이 신주는 사악한 것을 물리쳐서 올바른 것을 정립하고, 죽은 사람을
변화시켜 산 사람으로 만들어주며, 마군의 경계를 바꾸어 선인(仙人)의

---

406) 罔이 제2본에는 匿이므로 이에 따라 번역한다.

407) 識此呪麼가 제2본에는 없다.

408) 何處不相隨가 제2본에는 不離方寸地이다.

409) 『太上洞玄靈寶無量度人上品妙經』인데 줄여서 『도인경』 또는 『靈寶經』이라 한다. 모두
61권으로, 내용은 元始天尊・開劫度人 및 科儀・齋法・符術・修煉 등에 관한 것이다.
葛玄에게서 鄭隱에게 전수되고, 다시 葛洪에게 전수되었으나 『抱朴子』 및 『神仙傳』은
여기에 들어 있지 않다. 일설에는 晉代(317~420)에 王纂이 전한 것이라고도 한다.
南朝의 宋나라 陸修靜이 이 경전에 근거하여 과의를 세웠고, 齊나라 嚴東이 주를
달았다. 唐代 이후 씌어진 注疏本이 여러 종류가 있다.

경계로 만들어주며, 일체의 행위에 시현하고, 모든 사물에 그대로 드러나며, 마음대로 오고 가더라도 온갖 것이 방애하지 못한다. 이 대신주는 마음을 일으켜 염송을 작동하면 귀신이 깨끗하게 소멸되고, 근본을 돌이켜 근원으로 돌아가며, 외도가 혼비백산하고, 정령이 복종하여 숨어버린다. 때문에 이것을 비밀주라고 말한다.

이 신주를 알고자 하는가.

신통력과 오묘한 작용이

어딘들 따르지 않겠는가

위대한 신통력을 지니고 있어서	有大威神力
복검으로 사악한 마군을 그치네	伏劍邪魔息
신주는 어떤 곳에도 따라붙지만	何處不相隨
함께 하면서도 도통 몰라본다네	同居人不識

是大明呪

旣有大威神力[410] 一點靈光 自然晃耀 照徹十方 射透三界 山河大地 無有隔礙 過於日月 無處不照 呂祖云 一點心燈焰焰生 不勞挑剔朗然明 得來照破人間暗 獨放寒光滿太淸 雖然說破 自不了不明 要明麽 拂却鏡上塵 便見本來面[411]

---

410) 旣有大威神力이 제2본에는 없다.

411) 雖然說破 自不了不明 要明麽 拂却鏡上塵 便見本來面의 대목이 제2본에는 木〈本?〉性彌陀一段光 揚眉竪目亮堂堂 晝夜常明無間斷 時時不昧現西方 巍巍一朵紫金蓮 垂光萬道照大千 悟知極樂利利現 了達淨土在目前이다.

燁燁光輝滿大千 愚人不見被情牽 若能放下渾無物 依舊心天性月圓

53. 시대명주(是大明呪)

이미 대위신력이 있으므로 한 점의 신령스런 광명이 자연히 밝게 빛나서 시방을 훤히 비추고, 산하대지에 막히거나 걸림이 없으며, 해와 달을 능가하여 비추지 않는 곳이 없다.

여조[412]는 말한다.

"한 점 마음의 등불이 세차게 타오르니　一點心燈焰焰生
　애써 심지 돋우지 않아도 밝게 비추네　不勞挑剔朗然明
　그걸 얻으면 인간 세계 어둠 타파되고　得來照破人間暗
　한 줄기 차가운 광명 태청에 가득하네　獨放寒光滿太淸"

비록 이렇게 말로 표현은 했다지만 스스로 이해하지 못하면 그 대명주는 밝아지지 않는다.

그럼 대명주를 밝히고자 하는가.

먼저 거울에 낀 먼지를 털어내라

그럼 문득 본래면목을 보게 된다

반짝반짝한 광명이 삼천대천세계 가득한데　燁燁光輝滿大千
미혹한 사람은 식정에 이끌려 보지 못하네　愚人不見被情牽

---

412) 呂祖는 당나라 때의 神仙으로 전해졌으나, 사실은 宋初 무렵의 도사이다. 字는 洞賓, 호는 純陽. 全眞敎 교단에 의해서 宗祖의 한 사람이 되었고, 元代에는 孚佑帝君이라는 호가 주어졌다.

만약 자신의 전체 내려놓으면 일물도 없어　若能放下渾無物
옛적의 마음 및 천연자성의 달 둥글어지네　依舊心天性月圓

是無上呪

得見自己光明 照見從前黑暗 無有能極者 此神呪最上 無過於此 是爲第一
一切諸法 皆不出於心呪[413] 是無上呪也[414] 道云 心是衆之王 釋云 心是法
中王 所以無上也[415] 只一件[416] 王不動 萬姓自安 心[417]不亂 諸邪不起 理會
麽[418]

心呪最無上 要去閑思想 人牛不見時 便是靈山長

54. 시무상주(是無上呪)

　자기의 광명을 보아서 종전의 흑암상태를 비추어보면 더 이상 남아
있는 흑암이 없다. 그래서 이 신주는 최상으로서 이것을 능가하는 것
이 없으므로 곧 제일이다. 일체의 제법은 모두 심주(心呪)를 벗어나지
않는데 이것이 무상주(無上呪)이다.

　도교에서는 말한다.

---

413) 呪가 제2본에는 呪也이다.
414) 是無上呪也가 제2본에는 光明洞耀 普照十方 包含法界 獨古乾坤 將別神呪 要過此呪
　　終不能及 是無上呪者이다.
415) 所以無上也가 제2본에는 없다.
416) 只一件이 제2본에는 只這一件이다.
417) 心이 제2본에는 心若이므로 이에 따라 번역한다.
418) 理會麽가 제2본에는 없다.

"마음은 곧 모든 것 가운데 왕이다."

불교에서는 말한다.

"마음은 곧 제법 가운데 왕이다."

이런 까닭에 무상(無上)이다. 어떤 사건의 상황에서도 왕이 요동하지 않아야 만백성이 편안하다. 그렇듯이 마음이 산란하지 않아야 모든 사악한 것이 일어나지 못한다.

이러한 도리를 알겠는가.

마음의 주술은 최고로서 위가 없으니　心呪最無上
요컨대 부질없는 분별심 모두 버려라　要去閑思想
주관 및 객관 모두 보이지 않을 때에　人牛不見時
바야흐로 영취산의 제일 어른 된다네　便是靈山長

是無等等呪

此神呪無有等齊者[419] 不可說不可比 無有邊際 此呪世間少時 說著難信 須是親見[420] 此呪[421] 要見此呪麼 放開包裹太虛空 收來難立纖毫物[422]

---

419) 者가 제2본에는 也이다.

420) 親見이 제2본에는 親見明徹이다.

421) 此呪가 제2본에는 識此呪也이다.

422) 要見此呪麼　放開包裹太虛空　收來難立纖毫物이 제2본에는 這呪放開包裹太虛空 收來難立纖毫物 此呪最玄最妙 最尊最貴 最大最深 是自己心呪也 無縫塔前分明擧 不透玄關錯過多 明明一句包凡聖 間自有古彌陀 前生不修今不知 萬丈玄門過客希 有人但能歸向者 定證圓明與佛齊이다.

本來無等件 神性獨爲尊 乾坤難覆載 萬古鎭常存

55. 시무등등주(是無等等呪)

이 신주는 더불어 동등하고 나란한 것이 없으므로 설할 수도 없고 비교할 수도 없으며 한계도 없다. 이 신주는 세간에 드물어서 때때로 설해도 믿기 어렵다. 때문에 모름지기 이 신주는 친견하지 않으면 안된다.

요컨대 이 신주를 보고자 하는가.

신주를 열어 놓으면 태허공을 감싸안고

거둬들이면 가는 터럭에도 서지 못하네

본래부터 동등한 것이 없으므로　　本來無等件

신통자재한 자성이 홀로 높다네　　神性獨爲尊

하늘 및 땅도 덮고 싣지 못하니　　乾坤難覆載

오랜 세월에 진상만 그대로라네　　萬古鎭常存

能除一切苦

若得見性 有甚苦厄 佛意慈悲愍衆生 墮在世間 流浪經劫 受苦無窮 不能返本 是以應現種種相[423] 出現於世[424] 設種種方便 救度群迷 同出火院 若有

---

423) 若得見性　有甚苦厄　佛意慈悲愍衆生　墮在世間　流浪經劫受苦　無窮不能返本
　　是以應現種種相이 제2본에는 없다.
424) 出現於世가 제2본에는 佛祖出現於世이다.

智慧之人 諦聽大道之言 只究心地 莫去旁⁴²⁵⁾求 初則打掃潔淨 去累劫之習

性 大顚云 開池不待月 池成月自來 修行人先要心地清淨 自然道生 儒云

以禮制心 釋云 在於閑處 收攝其心 道云 降心絶念 三敎聖人只敎衆生心閑

淸虛 心若無染 自然見性 若得見性 永免輪迴 更不受⁴²⁶⁾ 得不死不生之道

且從上諸佛諸聖 久受勤苦 方得見性 心心念念處處逢源⁴²⁷⁾ 且道 末後向甚

麽處去 不省處處迷歸路 悟來時時在本鄕

仙佛出世爲何因 皆因慈愍衆沉淪 若人肯到船頭上 免做拖泥帶水人

56. 능제일체고(能除一切苦)

만약 견성을 하고나면 무슨 고액(苦厄)이 있겠는가. 부처님의 마음은
자비롭기에 세간에 떨어져 오랜 세월이 지나도록 유랑하고 끝이 없는
고통을 받으면서도 근본을 돌이키지 못하는 중생을 불쌍하게 여긴다.
이로써 갖가지 형상을 나타내고 세간에 출현해서 갖가지 방편을 시설
하여 온갖 미혹에서 구원하고 제도하여 다함께 불타는 집에서 벗어나
도록 한다. 만약 지혜로운 사람이라면 대도라는 말을 자세하게 듣고서
오로지 마음을 궁구하면서 곁가지를 추구함이 없이 처음부터 정결하
게 쓸고 닦아서 오랜 세월에 걸친 습성을 없앤다.

대전화상은 말한다.

"달빛이 물에 닿을 때까지 기다리지 말고 연못을 만들어라. 수행인으

---

425) 旁이 제2본에는 傍이므로 이에 따라 번역한다.
426) 受가 제2본에는 受生이므로 이에 따라 번역한다.
427) 源이 제2본에는 渠이므로 이에 따라 번역한다.

로서 먼저 마음이 청정하면 자연히 깨침에 발생한다."

유교에서는 말한다.

"예로써 마음을 다스려라."

불교에서는 말한다.

"한정처에 있으면서 그 본래의 마음을 섭수하라."

도교에서는 말한다.

"마음을 다스리고 망념을 단제하라."

이처럼 삼교의 성인들도 단지 중생으로 하여금 마음을 한가롭고 청허하게 하였을 뿐이다. 만약 마음에 오염이 없으면 자연히 견성하게 된다. 만약 견성하게 되면 영원히 윤회를 벗어나서 다시는 중생의 생을 받지 않아서 죽지도 않고 나지도 않는 깨침을 터득하게 된다. 또한 종상의 제불과 제성인들의 경우에도 오랫동안 부지런히 정진하여 바야흐로 견성을 하였기에 마음마다 찰나마다 곳곳에서 깨침을 만난 것이다.

자, 말해 보라. 말후에는 어느 곳을 향해 갈 것인가.

못 깨치면 곳곳에서 집 가는 길에 미혹하지만

깨치면 수시로 본래고향에 마음대로 노닌다네

부처님 세간에 출현한 인연은 과연 무엇이던가   仙佛出世爲何因
자비로써 물속에 빠진 중생을 불쌍히 여겼다네   皆因慈愍衆沉淪
어떤 사람이 뱃머리 돌려서 중생에게 다가가면   若人肯到船頭上
진흙탕 및 물에 빠진 중생을 건져줄 수 있다네   免做拖泥帶水人

眞實不虛

是眞實法語 非虛華之言 一切諸佛說此神[428]呪 度脫有情 不是異語 不是謙
<謙?>言 永嘉云 證實相 無人法 刹那滅却阿毗<鼻?>業 凡所有相 皆是虛
妄 惟此無相之相 是眞實之相 大千俱壞 此相不壞 因甚不壞 道有云 有形
終是假 無相是眞人 又云 百骸俱消散 一物鎭長靈 道經[429]云 元始<天尊
+?>懸一寶珠[430] 在空玄之中 佛經云 我有無價寶珠 繫在衣裡[431] 日夜推究
忽然見牟尼寶珠 又云 牟尼珠人不識 如來藏裡[432] 親收得 然雖如是 見道
易 守道難 要見此珠麽 圓陀陀 光爍爍 轉轆轆 活鱍鱍[433] 常對曰[434] 不可
棺[435] (音斡援之)

眞實光明無價珠 人人分上沒差殊 只因些子諸訛處 雲起青天月色無

57. 진실불허(眞實不虛)

이 신주(神呪)는 진실한 법어로서 겉치레의 말이 아니다. 일체제불은
이 신주를 설하여 유정을 건져주었는데, 곧 앞뒤가 다른 허황된 말[異
語]도 아니고 그렇다고 속이는 말[謙言]도 아니다.

영가현각은 말한다.

---

428) 神이 제2본에는 없다.

429) 道經에 대하여 제2본에는 度人經이라는 주석이 붙어 있듯이 이에 따라 번역한다.

430) 一寶珠에 대하여 제2본에는 大如黍米라는 대목이 더 붙어 있으므로 이에 따라
    번역한다.

431) 裡가 제2본에는 裏이다.

432) 裡가 제2본에는 裏이다.

433) 鱍鱍이 제2본에는 潑潑이다.

434) 曰이 제2본에는 面이다.

435) 棺이 제2본에는 捉이므로 이에 따라 번역한다.

"진리실상 증득하고 보면 주객관이 없고

 찰나에 곧 아비지옥의 업보도 사라진다."[436]

 『금강경』에서 말한다.

"일체의 형상은 모두가 곧 허망하다."[437]

 오직 이 분별상(分別相)이 없는 상(相)[神呪相]만이 곧 진실한 상(相)으로서, 삼천대천세계가 모두 파괴되더라도 이 신주상(神呪相)은 파괴되지 않는다. 그러면 어째서 파괴되지 않는가.

 도교에서 다음과 같이 말한다.

"형상이 있는 것은 끝내 가(假)이다. 형상이 없는 것이야말로 진인(眞人)이다."

 또 말한다.

"모든 뼈는 다 흩어져 사라지지만 일물은 영원히 신령스럽게 유지된다."

 『도인경』에서는 말한다.

"처음에 천존이 하나의 보주를 매달아놓았는데, 기장과 쌀알 크기로서 허공의 현묘한 가운데 있었다."[438]

 불경에서는 말한다.

"나한테는 무가보주가 있는데 옷 속에다 꿰매두었다. 그런데 밤낮으로 찾다가 홀연히 모니보주(牟尼寶珠)를 찾았다."[439]

---

436) 『永嘉證道歌』, (大正新脩大藏經48, p.395下)
437) 『金剛般若波羅蜜經』, (大正新脩大藏經8, p.749上)
438) 『度人經』 卷1, [洞界章 第五] 참조.
439) 『妙法蓮華經』 卷4, (大正新脩大藏經9, p.29上) 참조.

또 말한다.

"모니주는 사람들이 알지 못한다. 그것은 여래장 속에서 친히 얻어야 한다."

비록 그렇다 하더라도 깨침을 보기는 쉽지만 그것을 유지하기는 어렵다.

그 모니주를 보고자 하는가. 그것은 빠짐없이 원만하고[圓陀陀], 반짝반짝 빛나며[光爍爍], 거침없이 굴러가고[轉轆轆], 팔딱팔딱 살아있어서[活鱍鱍] 항상 대면하고 있으면서도 그것을 붙잡아 관에 넣지 못한다고 말한다.(棺의 音은 幹에서 원용되었다)

진실한 광명을 발휘하는 무가보주는	眞實光明無價珠
사람마다 평등하게 갖추어져 있다네	人人分上沒差殊
그렇지만 사소한 속임수를 인유하여	只因些子誵訛處
구름 낀 청천에 달빛이 없을 뿐이네	雲起靑天月色無

故說般若波羅蜜多呪

因脩行到此 知般若神呪[440]之功 最大[441] 此句結前多種[442] 方便 總歸爲一[443]

---

440) 神呪가 제2본에는 없다.
441) 最大가 제2본에는 最能最勝最大이다.
442) 多種이 제2본에는 種種이다.
443) 總歸爲一이 제2본에는 없다.

具大總持 同歸一心之法[444] 古云 應觀法界性 一切惟心造 仙眞云 善惡存亡
總在心 大顚云 迷者爲含藏識 死後作毒蛇 悟者爲秘蜜神呪 得無生法 如來
有密語 迦葉不隱<覆?>藏語[445] 此神呪 若人專心受持 功行圓滿 常持此呪
鬼神遠離 諸天寂聽常懽喜 理會得麼 非是口誦 要心受持 大開著眼 休敎走
了[○]要見此呪麼 不在外 不在內 不在中間與內外 且道 在甚麼去處 會
<還?>會麼 不離當處 休敎迷了[446]

性海寬洪怕起風 風纏起處浪飜空 一朝風定波濤靜 一輪月印水晶宮

58. 고설반야바라밀다주(故說般若波羅蜜多呪)

수행을 인유하여 여기까지 도달해야 반야바라밀의 신주(神呪)가 가장
위대한 줄을 알게 된다. 이 구절은 앞에 언급한 다양한 종류의 방편을
매듭지어 모두 하나로 되돌리는 것으로서 다함께 일심법으로 귀일시
켜준다. 그래서 옛날부터 다음과 같은 말이 있다.

"반드시 모든 법계의 자성을 관찰해보라

　일체법은 오직 마음이 만들어낼 뿐이네"[447]

　선진(仙眞)은 말한다.

"선과 악이 있고 없음은 모두 마음에 달려 있다."

　대전화상은 말한다.

---

444) 之法이 제2본에는 없다.
445) 語가 제2본에는 없다.
446) 理會得麼 非是口誦 要心受持 大開著眼 休敎走了[○]要見此呪麼 不在外 不在內
　　不在中間與內外 且道 在甚麼去處 會<還?>會麼 不離當處 休敎迷了가 제2본에는 없다.
447) 『大方廣佛華嚴經』卷19, (大正新脩大藏經10, p.102中)

"미혹한 사람은 함장식(含藏識)이라 말하듯이 죽은 이후에 독사가 된다. 그러나 깨친 사람은 비밀신주(祕密神呪)라 말하듯이 무생법을 터득한다. 여래에게는 밀어(密語)가 있었지만 가섭에게는 복장어(覆藏語)가 없었다. 어떤 사람이 이 신주를 전심으로 수지하면 공행(功行)이 원만해지고, 이 신주를 늘상 수지하면 귀신이 멀리 달아나며, 제천이 조용히 듣고서 항상 환희한다."

이런 도리를 알겠는가. 신주를 수지하는 것은 입으로만 외워서는 안 된다. 요컨대 마음으로 수지해야 한다. 눈을 크게 뜨고 깨어있으되 번뇌에 치달리지 말아야 한다.

[○] 요컨대 이 신주를 보고자 하는가. 신주는 밖에 있는 것도 아니고, 안에 있는 것도 아니며, 중간 내지 안팎에 있는 것도 아니다.

그럼 자, 말해 보라. 어디에 있는가.

잘들 알겠는가.

곧바로 이곳을 벗어나 있지 않으니

자칫 미혹하여 잘못 이해하지 말라

자성의 바다 넓고 크니 번뇌의 바람 일겠구나　性海寬洪怕起風
번뇌의 바람 살짝 일어도 파랑은 허공에 닿네　風纔起處浪飜空
찰나에 번뇌바람이 그치고 파랑이 잠잠해지면　一朝風定波濤靜
깨달음의 보름달이 수정궁에 흰하게 비친다네　一輪月印水晶宮

即說咒曰

擧起四句偈 擁護持經人 不離左右 順念逆念 世間一切所求 無不果 遂十二
時中不可忘却 會麼 休敎錯認了[448]

萬聖千賢在己身 休敎昧了本來眞 因何苦勸重重擧 一番提起一番新

59. 즉설주왈(卽說咒曰)

이 신주야말로 사구게[경전]를 언급만[擧] 해도 경전을 수지하는 그 사
람을 옹호하여 곁에서 떠나지 않고, 순으로 염송하건 역으로 염송하건
세간에서 추구하는 일체를 성취시켜주지 않는 것이 없다. 그러므로 하
루종일 신주를 잊어서는 안된다.

알겠는가. 결코 착각해선 안된다.

모든 성인과 모든 현인이 내 몸에 있으니	萬聖千賢在己身
미혹함을 그치면 그것이 본래의 진리라네	休敎昧了本來眞
그런데 어째서 애써 거듭거듭 권장하는가	因何苦勸重重擧
한 번 송주하면 한 번 새롭기 때문이라네	一番提起一番新

---

448) 擧起四句偈 擁護持經人 不離左右 順念逆念 世間一切所求 無不果 遂十二時中不可忘却
會麼 休敎錯認了가 제2본에는 是起根立天地之祖 諸佛之母 窮天地無更改 萬劫鎭常存
故曰 名爲四呪 用心持誦 不離左右 順念逆念 世間一切所求 無不隨應 十二時中不可忘却
休敎錯認了 諸呪不能比也 萬聖千賢在己身 休敎昧了本來眞 因何苦勸重重擧
一翻提起一翻新이다.

揭諦揭諦

揭諦者 人空 又揭諦者 法空[449] 人法俱空 二空全忘也 道云 自心不動之後
復有無極眞機 洞仙云 人牛不見杳無踪 月色光含萬象空 且人空者 只是敎
人忘形忘體 法空者 只是敎人忘情絶[450]念 萬法俱捐 善惡俱混[451] 不執己身
不著於相 忽然外不知有己身 内不省有己心 遠不知有諸物 到這里[452] 脫體
全忘 自然見箇消息 說箇消息 又是執於事也 大顚云 不勞懸古鏡 天曉自分
明 且道 如何是天曉 金鷄三唱罷 擁出一輪紅[453]

人法雙忘萬事休 香爐無火冷颼颼 一聲新雁遼天外 遠水長天一色秋

60. 아제아제(揭諦揭諦)

앞의 아제(揭諦)는 인공(人空)이고 또 뒤의 아제(揭諦)는 법공(法空)이다.
인공과 법공의 두 가지 공마저도 완전히 잊은 것이다.

도교에서는 말한다.

"자기의 마음이 부동하게 된 연후에야 다시 끝이 없는 진실의 바탕[眞
機]이 있다."

여동빈[洞仙]은 말한다.

"주관[人]도 보이지 않고 객관[牛]도 보이지 않아 아득히 종적이 없는데,

---

449) 揭諦者 人空 又揭諦者 法空이 제2본에는 揭諦揭諦者 人空法空이다.
450) 絶이 제2본에는 忘이다.
451) 混이 제2본에는 敗이므로 이에 따라 번역한다.
452) 里가 제2본에는 裡이므로 이에 따라 번역한다.
453) 自然見箇消息 說箇消息 又是執於事也 大顚云 不勞懸古鏡 天曉自分明 且道 如何是天曉
金鷄三唱罷 擁出一輪紅이 제2본에는 脫體全忘 自然有箇受用處 皆是自然之理也이다.

달빛이 광명을 머금으니 삼라만상이 공하다.”

또한 인공이란 무릇 주관[人]으로 하여금 형상을 잊고 본체를 잊게 할 뿐이고, 법공이란 무릇 주관[人]으로 하여금 식정을 잊고 망념을 단절토록 할 뿐이다. 이로써 만법이 모두 사라지고, 선과 악이 모두 무너지며, 자기의 몸에 집착이 없고, 형상에도 집착이 없어진다. 그러다가 홀연히 밖으로는 자기의 몸이 있는 줄 모르고, 안으로는 자기의 마음이 있는 줄 모르며, 나아가서 온갖 사물이 있는 줄도 모르게 된다. 바로 그러한 경지에 도달해서 몸을 초월하여 온전히 잊으면 자연히 깨침의 소식을 보고 깨침의 소식을 설하는데, 그것마저도 곧 현상에 집착하는 것이다.

대전화상은 말한다.
“애써서 고경을 걸어두려 하지 말라
새벽이 오면 저절로 날은 밝아진다”
자, 말해 보라. 날이 밝아진다는 말은 무엇인가.
금닭이 세 차례 횃대를 치고나니
커다란 태양이 하나 불쑥 나오네

주관과 객관 둘을 잊으니 만사가 고요한데 　人法雙忘萬事休
향로에는 불씨도 없고 찬바람 쌩쌩 분다네 　香爐無火冷颼颼
꺼욱꺼욱 어린 기러기 하늘 가로 날아가고 　一聲新雁遼天外
하늘은 높고 물은 넓어 완연히 가을빛이네 　遠水長天一色秋

波羅揭諦

波羅揭諦者 到空無所空是也 仙師云 旣無所空徹底淨 虎眼禪師云 不識亦

空著所空 若是旣無所空 得到彼岸 若到彼岸 其彼岸 亦須離而再進 則永

不受生 輪迴斷 生死息⁴⁵⁴⁾ 且道 無生無死⁴⁵⁵⁾ 是箇甚麼⁴⁵⁶⁾ 認得麼 休睡著⁴⁵⁷⁾

咦⁴⁵⁸⁾ 他也轉 你也轉 對著面 尋不見 若要見待成片⁴⁵⁹⁾

空無所空徹底除 坦然歸去合淸虛 莫煉頑空休失本 自然體道契眞如

61. 바라아제(波羅揭諦)

공(空)에 도달했지만 소공(所空)이 없는 것을 말한다.

선사(仙師)는 말한다.

"이미 소공(所空)이 없어서 철저하게 청정하다."

호안선사(虎眼禪師)는 말한다.

"알지 못하겠는가. 공이라 말하는 것도 또한 공에 집착하는 것이다."

만약 이미 소공(所空)마저 없다면 피안에 도달한 것이다. 만약 피안에

도달했다면 그 피안도 또한 반드시 벗어나서 다시 전진해야 곧 영원히

생을 받지 않고 윤회를 단절하여 생과 사가 그친다.

자, 말해 보라. 생도 없고 사도 없는 것이란 어떤 경지인가.

---

454) 則永不受生輪迴 斷生死息이 제2본에는 古云 百尺竿頭進一步 諸佛菩薩現全身이다.

455) 無生無死가 제2본에는 없다.

456) 麼가 제2본에는 麼物[○]이다.

457) 休睡著이 제2본에는 他也轉이다.

458) 咦가 제2본에는 없다.

459) 若要見待成片이 제2본에는 若得見成一片이다.

알겠는가. 꾸벅꾸벅 졸지 말라.

이(咦)!!

이 지역에서도 이리저리 쏘다니고, 저 지역에서도 이리저리 쏘다닌다. 어쩌다가 거시기를 마주쳐도 알아보지 못한다. 만약 거시기를 보고자 한다면 타성일편(打成一片) 되기를 기다려야 한다.

공이지만 소공도 없이 철저하게 단제하니	空無所空徹底除
평안한 마음되어 청허한 경지에 계합되네	坦然歸去合淸虛
완공에 휘말려 근본을 상실하지 않는다면	莫煉頑空休失本
자연히 깨침을 체득하여 진여에 계합되네	自然體道契眞如

波羅僧揭諦

波羅僧揭諦者 是諸佛淸淨境界也 五慾塵勞染汚不得 如仙佛慈愍衆生 隨機應化 救度群迷 在異類中行[460] 龍蛇混襍[461] 凡聖同居 逆行順行 聖賢莫測[462] 如月在水 應現千江 如同一月其眞月 本在天端 拿捉不得 染汚不得 要拿捉得麼 雖然親見應難捉 除非身在太虛中[463]

---

460) 行이 제2본에는 없다.

461) 龍蛇混襍이 제2본에는 眞假不辨이다.

462) 聖賢莫測이 제2본에는 不能測量이다.

463) 如同一月其眞月 本在天端 拿捉不得 染汚不得 要拿捉得麼 雖然親見應難捉 除非身在太虛中이 제2본에는 本是一月普攝 豈有二也 故經云 合光塵不染 三界獨爲尊 淸淨境界沒思量 不染纖塵是道場 試觀十五三更月 影現千江百不妨이다.

清淨境界沒思量 不染纖塵是道場 試觀十五三更月 影現千江百不妨

62. 바라승아제(波羅僧揭諦)

바라승아제는 제불의 청정한 경계로서 오욕 및 기타의 번뇌가 그것을 오염시키지 못한다. 저 부처님[仙佛]처럼 중생을 불쌍하게 여겨 근기를 따라 교화하고, 온갖 미혹으로부터 제도해주기 위하여 보살행[異類中行]을 실천하는데, 용과 뱀이 섞여있듯이 범부와 성인이 함께 살아가고, 역행을 하고 순행을 하니 성현의 경계를 헤아릴 수가 없다. 그것은 마치 달이 물에 비춰어 온갖 강에 드러나듯이, 동일한 달이지만 그 본래의 달은 하늘에 있어서 잡을 수도 없고 오염시킬 수도 없다.

요컨대 달을 붙잡고자 하는가.

친히 볼 수는 있어도 붙잡을 수가 없지만

본래부터 여전히 몸은 태허공에 있었다네

청정한 경계는 온갖 번뇌의 사량이 없어　清淨境界沒思量

작은 번뇌도 그 도량을 물들이지 못하네　不染纖塵是道場

보름달 떠 있는 삼경에 하늘을 쳐다보라　試觀十五三更月

달빛이 천강을 비추지만 걸리는 것 없네　影現千江百不妨

菩提薩婆訶

大顚云[464] 菩提是初 薩婆訶是末 且脩行入起初先須發菩提心 勇猛精進 日
夜爲道 古云 道念若還比雜念 成仙成[465]佛已多時 只是學人不肯 驀直便行
三心二意 故不能到 仙師云 數他堌(堌音後封堌五里一堌)子却不行 口念長安
心不徹 若是有志底人 一刀兩段脩道學佛 更無退轉 又[466]守不怠 忽然悟道
達本性空 卽得菩提 超出三界 了無所了 得無所得 蕩然淸淨 則到極樂之所
受用無盡 故曰薩婆訶 且道 行到甚地面 是徹頭處 水窮山極處[467] 寸草不
生時 省麼[468]

先發菩提一片心 次敎萬慮不相侵 直敎鑽透虛空髓 拔出從前治病鍼[469]

63. 모지사바하(菩提薩婆訶)

또한 대전화상은 말한다.

"모지[보리]는 수행의 처음이고, 사바하는 깨침의 완성이다. 또한 수행
에 들어가서 맨 먼저 할 일은 반드시 보리심을 일으키는 것인데, 용맹
정진(勇猛精進)하여 밤낮으로 깨침을 추구해야 한다."

고인은 말한다.

"깨치려는 마음을 만약 잡념을 일으키는 것에 견준다면 이미 오래 전

---

464) 大顚云이 제2본에는 없다.
465) 成이 제2본에는 作이다.
466) 又가 제2본에는 久이므로 이에 따라 번역한다.
467) 山極處가 제2본에는 山處盡이다.
468) 省麼가 제2본에는 省得麼이므로 이에 따라 번역한다.
469) 이하에 제2본에는 心經註解 三敎言談 妙義無物安 撥開萬法 直指單傳 明心見性
返本還源 不離方寸 法身廣無邊의 대목이 붙어 있다.

에 仙人이 되고 부처가 되었을 것이다. 단지 수행인[學人]이 그것을 모르고 우유부단[三心二意]한 까닭에 도달하지 못한다.”

선사(仙師)는 말한다.

“마치 이정표만 헤아리면서[470] 직접 걸어가지 않고 입으로만 장안을 거들먹거리는 사람과 같다면, 결코 마음으로 통할 수가 없다.”

그러나 만약 뜻을 세운 사람이라면 일도양단하여 수도(修道)하고 학불(學佛)하되 다시는 퇴전하지 않고 오랫동안 게으름을 피우지 않는다. 그러다가 홀연히 깨쳐서 본성이 공한 줄 통달하면 보리를 터득하고 삼계를 초출하며, 요달하였지만 요달한 것이 없고 터득하였지만 터득한 것이 없고, 번뇌가 완전히 사라지고 청정하다. 그런즉 극락세계에 도달하여 마음에 바라는 것을 끝없이 수용하는 까닭에 사바하라고 말한다.

자, 말해 보라. 그대는 수행하여 끝내 어떤 경지에 도달했는가, 그 경지는 철두철미한 경지인가.

물줄기가 끊겨도 산이 막힌 곳이야말로
번뇌의 풀 한 포기도 나지 않는 때이네
알겠는가.

수행자라면 먼저 한조각의 보리심을 일으켜서　先發菩提一片心
갖가지 분별사려가 침투하지 못하게 유지하라　次敎萬慮不相侵
이에 곧장 허공의 등뼈 뚫어 훤히 통과하려면　直敎鑽透虛空髓

---

470) 堠에 대하여 원문에서 堠音後封堠五里一堠라고 주석을 붙이고 있다. 이 뜻은 다음과 같다. 堠의 음가는 後이다. 봉화대를 설치하는 간격에서 5里가 1堠에 해당한다.

종전에 치병하려 꽂은 침 깨끗이 뽑아야 하네　拔出從前治病鍼

Ⅲ. 회향

註經已畢 更留一篇 請晚學同志 詳覽硏窮 二十年後 有出身之路 休要忘了
老何到岸[471]

『반야심경』의 주해를 끝마치고, 그것을 엮어서 한 권의 책으로 남겼
다. 만학동지들은 널리 살펴주고 깊이 궁구해주길 바란다. 그러면 20
년 이후에는 출신활로가 열릴 것이다. 요컨대 잊지 말라. 늙은이가 어
떻게 피안에 도달했는가. 명덕고사(名德高師)는 나이의 한계가 없다.

　法本從心生 還是從心滅
　生滅盡由誰 請君自辨別
　旣然皆己心 何用他人說
　直須自下手 扭出鐵牛血
　戎繩暮<騫?>鼻穿 攪定虛空結
　綎在無爲柱 不使他顚劣
　莫認賊爲子 心法都忘絶
　休敎他瞞我 一拳先打徹

---

471) 二十年後有出身之路休要忘了老何到岸의 17字가 제2본에는 없다.

觀心亦無心 觀法法亦輟

人牛不見時 碧天淸皎潔

秋月一般圓 彼此難分別

제법은 본래부터 마음에서 발생하여

다시 그러한 마음으로부터 소멸되네

발생소멸은 모두 무엇을 말미암는가

그대한테 청하노니 스스로 판별하라

그렇듯이 모두가 자기의 마음일진댄

어찌 타인이 하는 말씀을 빌려 쓰랴

반드시 직접 자기 자신의 손을 써서

무쇠로 만들어 놓은 소의 피를 뽑고

노끈으로 묶어두고 콧구멍을 뚫듯이

허공을 꿰뚫어서 단단히 잡아놓는다

가는 삼베 한 가닥 무위의 기둥삼아

그것으로 무너지지 않기를 바란다면

도둑을 자식으로 인식하는 것이므로

마음 및 제법을 모두 잊어야 한다네

남에게 내가 속는 것 일체 그만두고

한주먹으로 일체의 반연을 부수어라

마음 관찰해도 그 또한 마음이 없고

제법을 관찰해도 그 또한 법이 없네

주관과 객관이 모두 보이지 않을 때

푸른 하늘은 맑고 또 밝아 깨끗하네
가을날 보름달은 둥글기 그지없는데
번뇌 및 진실 왜 구별하지 못하는가

般若波羅蜜多心經(終)
반야바라밀다심경을 마치다

Ⅳ. 跋文[472)

夫般若心經者 諸佛肝心 衆聖命脉也 以故自唐以降 釋家甚多 比偶得無垢
居士 張九成之所註一本 於書林 禪教竝擧内外兼明眞 暗夜明灯 霧海南針
也 仍加和点 命工繡梓 欲廣其傳 豈非佛法良財 色空之妙處哉
時正保二(己酉) 中冬日 書於東山圓通峯之中庵

발문(跋文)

　대저 『반야심경』은 제불의 간심(肝心)이고 모든 성인의 명맥(命脈)이다.
이런 까닭에 당나라 이래로 거기에 주석을 붙인 사람이 대단히 많았다.
우연히 책방에서 송대의 무구거사 장구성[473)이 주석한 1권을 얻은 것과
비교해보니, 선교 및 내전과 외전에서도 진상(眞相)을 밝혀주는 것으로
언급되었고, 어두운 밤을 밝혀주는 밝은 등불이었으며, 안개 낀 바다
의 나침반이었다. 이에 거기에 화점(和点)을 가하고 장인에게 책으로 엮

---

472) 跋文이라는 付題는 번역자가 보충하였다. 발문의 찬술자는 본서를 간행에 붙인 인물로
　　추정되는데 未詳이다.

473) 張九成(?-1155)은 宋代의 관리이자 학자로서 開封 사람이다. 자는
　　子韶·無垢居士·橫浦居士이다. 紹興 2년(1132) 進士에 급제하고 禮部侍郎,
　　鎭東軍簽判, 太常博士를 지냈다. 재상 秦檜의 배척으로 유배당하였으나 소흥
　　25년(1155) 진회의 죽음으로 인해 溫州刺史에 복귀되었지만 병으로 수개월 만에
　　죽었다. 大慧宗杲(1089-1163)에게 참문하여 신임이 두터웠고, 그 사상적 교유는
　　當代에 큰 영향을 미쳤다.(『宋史』 권374 참조) 그러나 여기 跋文에서 無垢를
　　송대의 장구성으로 간주하고 있는 점은 오류로 간주된다.『中華大藏經總目錄』
　　卷4, (大藏經補編35, p.506上) "明何道全註 原題無垢子注 日本佚名跋因無垢二字
　　以爲宋張九成著 未是"

도록 명하여 그 주석서를 널리 전승하게 되었다. 그러니 어찌 불법의 귀중한 보배가 아니겠고, 색과 공의 오묘한 도리가 아니겠는가.

　때는 정보 2년(기유년, 1645) 한겨울에 동산(東山) 원통봉(圓通峰)의 좌암 (坐庵)에서 쓰다.

卍新續藏 第26冊 般若心經註解
만신속장경 제26책에 수록된 『반야심경주해』

〈해제〉

　본『반야심경주해』는 명대의 松溪道人 혹은 無垢子라고 불린 何道
全이 주석한 것이다. 발문에서 無垢子를 북송 말기 남송 초기에 활동
했던 主戰派의 영수였던 張九成으로 기록한 것은 오류이다. 何道全
(1319 - 1399)은 元末 明初를 살았던 인물이다. 浙江省 四明 출신으로 終
南山의 圭峰에 은거하였다. 명 洪武 연간에 賈道玄이 그의 語錄과 詩
詞를 모아서 편찬한『隨機應化錄』2권이 전한다.

　『반야심경주해』는『반야심경』의 문구마다 그 의미와 내용을 설명하
고, 불교를 비롯한 유교와 도교 기타에서 동일한 의미로 활용되고 있
는 내용을 인용하여 부연설명을 가하였다. 그리고 매 문구마다 마지막
에는 사구로 된 게송을 붙였다. 그런데 경문의 63문구에 대한 해석은
한자로 번역된 용어에 따른 해석으로서 범어가 지니고 있는 의미가 완
전히 무시되어 있다. '바라밀다'의 경우 '바라'와 '밀다'를 나누어 해석한
다든가, '심'을 심장이 아닌 마음으로 해석하는 등 이와 같은 해석의 경
향은 명대 이후가 되면 두드러지게 출현한다.

　가령 청대의 徐槐廷이 쓴『般若心經解義』에서는 마지막 대목의 呪
文에 대하여 다음과 같이 해석한다. '揭諦揭諦 波羅揭諦 波羅僧揭諦 菩
提薩婆訶에서 揭諦는 妙諦를 揭出하여 사람을 제도한다. 거듭해서 말
한 것은 자기를 제도하고 남을 제도하는 것이다. 波羅는 번역하면 피

안인데 피안에 도달하고자 하면 반드시 이 妙諦에 의지해야 한다. 僧은 衆인데, 소위 중생으로 하여금 함께 피안에 오르는 것이다. 菩提라는 말은 어떤 피안에 도달하는가 하면 대보리의 경지를 가리킨다. 薩婆 訶라는 말은 번역하면 速疾인데, 이 반야로서 보리를 획득하는데 신속하여 지체됨이 없는 것이다.[474]

그럼에도 불구하고 본『반야심경주해』가 지니고 있는 가치는 불교를 불교의 테두리 안에 가두지 않고 삼교에 드러내놓고 해석함으로써 불교가 지니고 있는 교리의 우월성을 유감없이 보여주고 있다는 점에서 찾아볼 수가 있다. 이와 같은 경향은 당시의 불자나 비불자를 막론하고 식자층에서 불교를 이해하고 바라보는 모습으로 이해해야 할 것이다.

하도전의『隨機應化錄』에 수록된 시 한 수를 소개하면 다음과 같다.

부처는 영산에 있으니 멀리서 찾지 말라   佛在靈山莫遠求
그 영산은 바로 그대의 마음자리에 있다   靈山只在汝心頭
모든 사람은 그 영산탑을 지니고 있으니   人人有箇靈山塔
기꺼이 영산의 탑을 향해 믿고 정진하라   好向靈山塔下修

이 사구게에서 언급하고 있는 제일구의 靈山은 本有의 佛性을 의미

---

474)『般若心經解義』, (卍新續藏26, p.943中) "揭諦揭諦 波羅揭諦 波羅僧揭諦 菩提薩婆訶
註 揭諦 揭出妙諦以度人也 重言之 自度度他也 波羅 此云彼岸 欲到彼岸 必賴此妙諦也
僧 衆也 謂令衆生共登彼岸也 言菩提者 到何等彼岸 謂大菩提處也 言薩婆訶者 此云速疾
以此般若而得菩提 乃迅速而無阻滯也"

한다. 나아가서 제이구에서는 그 불성이 다름아닌 모든 사람의 자성임을 말한다. 따라서 제일구와 제이구에서는 마음과 부처가 다르지 않다는 도리를 말해주고 있다. 제삼구에서 모든 사람이 지니고 있음을 개시해줌으로써 영산탑이야말로 모든 사람 나아가서 사생과 육도의 중생에게 부처의 가르침이 전해지기를 바라고 있다. 제사구에서는 각자에게 부지런히 정진하여 無位眞人을 찾으라는 당부의 말이다. 하도전이『반야심경주해』를 해석한 의도가 바로 이런 것이 아니었을까.『반야심경』의 이해를 통해서 먼저 자신을 자각하고, 자성을 믿으며, 이타의 마음을 일으키고, 그 성취를 위해 정진할 것을 일깨워주고 있다.

반야심경주해(般若心經註解)

2018년 10월 2일 초판 인쇄
2018년 10월 15일 초판 발행

번역인 | 김호귀
발행인 | 신원식

펴낸곳 | 도서출판 중도
　　　　서울 종로구 삼봉로81 두산위브파빌리온 431호
등 록 | 2007. 2. 7. 제2-4556호
전 화 | 02-2278-2240

값 : 15,000원

ISBN 979-11-85175-28-7-93220

이 도서의 국립중앙도서관 출판예정도서목록(CIP)은 서지정
보유통지원시스템 홈페이지(http://seoji.nl.go.kr)와 국가자
료공동목록시스템(http://www.nl.go.kr/kolisnet)에서 이용
하실 수 있습니다.(CIP제어번호: CIP2017005344)